U0637001

中华精神家园

古迹奇观

城楼古景

雄伟壮丽的古代城楼

肖东发 主编　邢建华 编著

中国出版集团

现代出版社

图书在版编目（CIP）数据

　　城楼古景：雄伟壮丽的古代城楼 / 邢建华编著. —
北京：现代出版社，2014.5（2021.7重印）
　　ISBN 978-7-5143-2329-0

　　Ⅰ．①城… Ⅱ．①邢… Ⅲ．①古建筑－介绍－中国
Ⅳ．①K928.71

　　中国版本图书馆CIP数据核字(2014)第056972号

城楼古景：雄伟壮丽的古代城楼

主　　编：肖东发
作　　者：邢建华
责任编辑：王敬一
出版发行：现代出版社
通信地址：北京市定安门外安华里504号
邮政编码：100011
电　　话：010-64267325 64245264（传真）
网　　址：www.1980xd.com
电子邮箱：xiandai@cnpitc.com.cn
印　　刷：三河市嵩川印刷有限公司
开　　本：710mm×1000mm　1/16
印　　张：11
版　　次：2015年4月第1版　　2021年7月第3次印刷
书　　号：ISBN 978-7-5143-2329-0
定　　价：40.00元

版权所有，翻印必究；未经许可，不得转载

　　党的十八大报告指出："文化是民族的血脉，是人民的精神家园。全面建成小康社会，实现中华民族伟大复兴，必须推动社会主义文化大发展大繁荣，兴起社会主义文化建设新高潮，提高国家文化软实力，发挥文化引领风尚、教育人民、服务社会、推动发展的作用。"

　　我国经过改革开放的历程，推进了民族振兴、国家富强、人民幸福的中国梦，推进了伟大复兴的历史进程。文化是立国之根，实现中国梦也是我国文化实现伟大复兴的过程，并最终体现为文化的发展繁荣。习近平指出，博大精深的中国优秀传统文化是我们在世界文化激荡中站稳脚跟的根基。中华文化源远流长，积淀着中华民族最深层的精神追求，代表着中华民族独特的精神标识，为中华民族生生不息、发展壮大提供了丰厚滋养。我们要认识中华文化的独特创造、价值理念、鲜明特色，增强文化自信和价值自信。

　　如今，我们正处在改革开放攻坚和经济发展的转型时期，面对世界各国形形色色的文化现象，面对各种眼花缭乱的现代传媒，我们要坚持文化自信，古为今用、洋为中用、推陈出新，有鉴别地加以对待，有扬弃地予以继承，传承和升华中华优秀传统文化，发展中国特色社会主义文化，增强国家文化软实力。

　　浩浩历史长河，熊熊文明薪火，中华文化源远流长，滚滚黄河、滔滔长江，是最直接的源头，这两大文化浪涛经过千百年冲刷洗礼和不断交流、融合以及沉淀，最终形成了求同存异、兼收并蓄的辉煌灿烂的中华文明，也是世界上唯一绵延不绝而从没中断的古老文化，并始终充满了生机与活力。

　　中华文化曾是东方文化摇篮，也是推动世界文明不断前行的动力之一。早在500年前，中华文化的四大发明催生了欧洲文艺复兴运动和地理大发现。中国四大发明先后传到西方，对于促进西方工业社会的形成和发展，曾起到了重要作用。

　　中华文化的力量，已经深深熔铸到我们的生命力、创造力和凝聚力中，是我们民族的基因。中华民族的精神，也已深深植根于绵延数千年的优秀文化传统之中，是我们的精神家园。

　　总之，中华文化博大精深，是中国各族人民五千年来创造、传承下来的物质文明和精神文明的总和，其内容包罗万象，浩若星汉，具有很强的文化纵深，蕴含丰富宝藏。我们要实现中华文化伟大复兴，首先要站在传统文化前沿，薪火相传，一脉相承，弘扬和发展五千年来优秀的、光明的、先进的、科学的、文明的和自豪的文化现象，融合古今中外一切文化精华，构建具有中国特色的现代民族文化，向世界和未来展示中华民族的文化力量、文化价值、文化形态与文化风采。

　　为此，在有关专家指导下，我们收集整理了大量古今资料和最新研究成果，特别编撰了本套大型书系。主要包括独具特色的语言文字、浩如烟海的文化典籍、名扬世界的科技工艺、异彩纷呈的文学艺术、充满智慧的中国哲学、完备而深刻的伦理道德、古风古韵的建筑遗存、深具内涵的自然名胜、悠久传承的历史文明，还有各具特色又相互交融的地域文化和民族文化等，充分显示了中华民族的厚重文化底蕴和强大民族凝聚力，具有极强的系统性、广博性和规模性。

　　本套书系的特点是全景展现，纵横捭阖，内容采取讲故事的方式进行叙述，语言通俗，明白晓畅，图文并茂，形象直观，古风古韵，格调高雅，具有很强的可读性、欣赏性、知识性和延伸性，能够让广大读者全面接触和感受中国文化的丰富内涵，增强中华儿女民族自尊心和文化自豪感，并能很好继承和弘扬中国文化，创造未来中国特色的先进民族文化。

2014年4月18日

承天之门——天安门城楼

京都国门——正阳门城楼

以德取胜——德胜门城楼

江山永定——永定门城楼

古风遗韵——古都城楼

声闻于天——西安钟鼓楼

明鼓清碑——南京钟鼓楼

天安门城楼

天安门位于北京城的中心，故宫的南端，是明清两代皇城的正门，也是封建帝王权力的象征。

天安门始建于明朝，原名"承天门"，清朝时更名"天安门"。明清时期，天安门是皇城的正门，城门五阙，重楼九楹，取"九五"之数，象征着皇帝的尊严。

天安门城楼气势宏大，庄重威严，是我国传统建筑艺术的代表作，它以杰出的建筑成就和特殊的政治地位为世人所瞩目。

明朝初年始建承天门

古代北京，历来被风水学家称为"山环水抱必有气"的理想都城。其西部的西山属太行山脉；北部的军都山属燕山山脉；南口为兵家要地。两座山脉在北京的南口会合，形成向东南方展开的半圆形大山湾，环抱着北京平原。

北京平原的地势由西北向东南微倾。桑干河和洋河等相继在此汇合成为永定河。所以，北京在地理格局上是"东临辽碣，西依太行，

天安门城楼夜景

華人民共和國万岁　世界人民大团结万岁

北连朔漠，背扼军都，南控中原"，特别有利于社会经济的发展和战略的控制。

北京，在唐代时为幽州，还为燕京，金代时为中都城，元代改为大都，明、清两代称北京。

在我国数千年的文明发展史上，先后有燕、前燕、大燕、辽、金、元、明和清八个朝代以北京为都城。各朝在北京大兴土木，建造了各具特色的古建筑，但最早对建筑天安门有间接影响的是元朝。

1260年，元世祖忽必烈即汗位于开平府，就是今内蒙古自治区正蓝旗东部。1264年，元世祖诏令以燕京作为中都，旧址就是今北京城西南部的莲花池以东一带。

1272年他又改中都为元大都，并从1267年开始兴建元大都，历时18年之久，直至1285年才全部建成。

元大都当时的整体布局呈长方形，南墙位置在今北京长安街南侧，北墙位置在今德胜门和安定门以北

元大都 又称"大都"，为元朝国都。其城址位于今北京，北至元大都土城遗址，南至长安街，东西至二环路。元大都奠立了今北京城的雏形，是当时世界上最大的都市之一。元大都遗存建筑有白塔寺、白云观、国子监、孔庙和建国门司天台等。

■ 天安门远景

墩台 指在我国冷兵器的古代，为了加强城门的防御能力，许多城市设有两道以上的城门，形成"瓮城"，城墙每隔一定的距离就突出矩形墩台，以利防守者从侧面攻击来袭敌人，这种又称为"敌台"的城防设施，因外观狭长如马面俗称为"马面"。

的北三环路附近，那里后来遗存有断断续续的、被称为"土城子"的土丘，就是元大都当时最早的北城墙。

元大都从里至外分别是宫城、皇城和大城。大城周长60华里，有11个门。南面三门：正中为丽正门，就是后来的正阳门，东为文明门，西为顺承门；东面自南而北是齐化门、崇仁门和光熙门；西边自南而北依次是平则门、和义门和肃清门；北面只有两座城门，东为安贞门，西为德胜门。

元大都皇城的南门叫灵星门，在现在的午门一带。灵星门与丽正门之间，曾有一个"T"形的半封闭式宫廷广场，后来明清两代的宫廷广场就基本沿用其旧址，并在中间建造了天安门。元大都城墙四隅均有角楼，城外设有墩台，城内宫殿在前，坊市在后，50个街坊星罗棋布。

当时，有一位名叫马可·波罗的意大利著名旅行家来到我国，看到"大汗之城"元大都富丽堂皇的宫殿和景色优美的花圃后，大为赞叹道：

　　　城是如此美丽，布置如此巧妙，我们竟
　是不能描写她了。

　　他后来写的《马可·波罗游记》，因有大都城的记述，而使这座古城得以传播，名扬世界。那时候，元朝虽未建造天安门，但它另择新址的建筑格局以及元故宫和宫廷广场的定位，却使后来的明朝始建承天门具有了可行性。

　　1368年，明太祖朱元璋在南京称帝，建立了明朝。同时，明朝大将徐达统率军队攻克元大都，将其更名为"北平"。当时，明朝统治者对元大都故宫尽行拆除，以消除前王朝的"王气"。

　　后来，明太祖朱元璋的四子、燕王朱棣登上了皇帝的宝座，从此燕王就成了明成祖，并于1403年正月

徐达（1332年—1385年），我国明代开国军事统帅。他从南略定远跟随明太祖朱元璋后，取和州，渡江、攻城拔寨，皆为军锋之冠，后为大将，统兵征战。后为左相国，拜大将军。洪武初累官中书右丞相，封魏国公，追封中山王。

■ 天安门侧景图

工部侍郎 我国古代官职名，明代正三品，清代从二品。工部为管理全国工程事务的机关，凡全国之土木、水利工程，机器制造工程，矿冶、纺织等官办工业无不综理，并主管一部分金融货币和统一度量衡。工部置尚书一人，总管本部政务，下有左右侍郎，为尚书之副。

将北平改称"北京"，暂称"行在"，就是皇帝在外时的行都。

明成祖朱棣即位后的第一件大事，就是决定把首都从南京迁到他的"龙兴之地"北京。

据史料记载，明成祖朱棣之所以要迁都北京，主要原因是由于北京"左环沧海，右拥太行，南襟河济，北枕居庙""关日不下百十""会通港运便利，天津通海运"的优越地理位置。此外，为了控制北方和东北地区，以维护全国的安定。

1406年，明成祖朱棣分遣大臣赴各地督民采木，烧造砖瓦，并征调各地工匠、军士和民工，开始了营造北京城的筹备工程。1417年，大规模营建北京城的工程正式开始，当时，有个叫蒯祥的工匠，同大批能工巧匠一起被明朝选入京师。

蒯祥是江苏苏州府吴县香山人，他生于明初洪

■ 紫禁城围墙

武年间，他的父亲是当时很有名望的工匠。蒯祥深受父亲的影响，他30多岁就"能主大营缮"，是位造诣很高的木匠。由于他技艺超群，在营造中充分发挥出建筑技艺和设计才能，很受督工蔡信等人的重用。

在北京宫殿的营建中，先后涌现出许多著名的工匠。除工于设计的督工蔡信、瓦工出身而官至工部侍郎的杨青外，还有与蒯祥同时代的著名雕刻石匠陆祥等。

在宫殿初建阶段，蔡、杨二人起了很大作用，但他们当时都年事已高，而蒯祥正值年轻力壮，又工于计算和绘画，在蔡信、杨青去世后，大量的皇家工程便都由蒯祥主持。

蒯祥不仅木工技术纯熟，还有很高的艺术天赋和审美意识。据记载，蒯祥能以双手握笔同时画龙，合二为一，一模一样，技艺已达炉火纯青。

营建宫殿楼阁时，他只略加计算，便画出设计图来，待工程完毕后，建筑与设计图大小尺寸分毫不差，就连当时的皇帝也很敬重他。

在建筑北京的过程中，蒯祥不论在用料、施工等方面都精心筹划，营造的榫铆骨架都结合得十分准确牢固。同时，他还将江南的建筑艺术巧妙地运用上去，如采用苏州彩画、琉璃金砖，使殿堂楼阁显得富丽堂皇。

1420年，皇宫才落成，蒯祥便因功被提升为了工部营缮所丞。

明代北京城是在元大都城基础上，吸取历代都城规划的优点，又参照南京规制营建而成。"凡庙社、郊祀、坛场、宫殿、门阙，规制悉如南京"。

实际上，北京新建的宫殿比南京的更加壮丽。它外城包着内城南面，内城裹着皇城，皇城又包着紫禁城，全城呈现一"凸"字形。

北京内城基本上取元大都旧址，明初北墙向南移5里，至今德胜门、安定门一线，后又将南城墙向前推移到后来的正阳门一线。

内城有九门，正南为正阳门，就是元代的丽正门；在内城中央，共有六门：东为东安门，西为西安门，北为北安门，广场南则为大明门，承天门左为长安左门，右为长安右门。

北京宫城又称紫禁城，是北京城的核心，共有四门：南为午门，

雄伟壮丽的古代城楼

紫禁城建筑

■ 紫禁城太和殿

北为玄武门，东为东华门，西为西华门。由于南城墙向南拓展，皇城与紫禁城也依次南移，皇城南移到后来的长安街北侧。

皇城的中门，根据明南京城的名称改称"承天门"，就是后来的天安门，在承天门内仿照南京城布局建造端门。

明代宫城南移到今北京故宫的位置，正门由元代的灵星门改称午门，在营建紫禁城的同时，又利用午门前方的中心御道左右两侧，按"左祖右社"规制建造了太庙和社稷坛两组严格对称的建筑群。

此外，在承天门前开辟一个"T"字形的宫廷广场，广场东、西、南都修筑了宫墙，使广场封闭起来，并在东、西两翼和南端凸出的一面，各开一门，即长安左门、长安右门和正南方的大明门，就是后来清朝改称的大清门。

承天门属皇城中的重要建筑，建造时完全

门阙　我国古代的塔楼状建筑，置于道路两旁作为城市、宫殿、坛庙、关隘、官署、陵墓等入口的标志。外观大体分为阙座、阙身与阙檐三部分。阙身依数量有单出、双出与三出，形体多带有较大收分。阙檐有一、二、三层之别。檐下多以斜撑或斗拱支承，又是重点装饰所在。

■ 天安门

模仿南京的承天门，是紫禁城的正门，也是北京最早的天安门。它在1420年建成时的形状与后来的天安门大致相仿，但其规模较小，只是一座黄瓦飞檐的三层楼式的五座木牌坊，朱漆金钉，光彩夺目。

承天门城楼的牌坊正中高悬"承天之门"木质匾额，寓有"承天启运"和"受命于天"之意，喻示封建皇帝是"受命于天"的，替天行使权力，理应万世为尊。

阅读链接

相传，明太祖朱元璋创建明朝以后，为了国防安全，也曾考虑日后迁都北京。于是，他诏命明代著名开国谋士刘伯温去北京规划紫禁城。

据说，刘伯温当时也一时没想好，于是便与手下人四处看风水。有一天，忽然间，一个身穿红裤红袄的小男孩跑过，一眨眼就不见了。刘伯温觉得那个小孩很像哪吒。

刘伯温突然醒悟：上天启示，要把北京城造成八臂哪吒的模样。但事实上，明太祖还未来得及动工，他便去世了。直至明成祖朱棣即位后，紫禁城才开始了大规模的修建。

中轴线上的皇城正门

明代的北京城由一条长达8千米的中轴线纵贯南北。外城南面正中的永定门是中轴线的起点，终点在皇城北门外的钟楼和鼓楼。

全城最宏大的建筑和空间都安排在这条轴线上，其他各建筑物也都依这条轴线作有机的布置和配合，且左右对称，整个设计和布局形成一个完整和谐、前所未有的巨大建筑群。

"无以壮丽，尤以重威"。作为皇城正门的承天门就坐落在这条

■ 天安门内的紫禁城

■ 厚重的宫门

三朝五门 东汉郑玄注《礼记·玉藻》中说：天子及诸侯皆三朝，即外朝一，内朝二。又在《礼记·明堂位》中说：天子五门，外曰皋门，二曰雉门，三曰库门，四曰应门，五曰路门。清朝的三朝五门中的三朝，对应三殿，包括太和殿、中和殿和保和殿。五门是指大清门、天安门、端门、午门和太和门。

中轴线的中段上。从中轴线上的宫城与皇城的建筑布局，可以看出承天门所具有的重要地位。这一切的设计布局，以及由此构成的宏伟建筑和空间，烘托出封建帝王至高无上的威严。

承天门虽是皇城的正门，但它与紫禁城的建筑是融为一体的。为了增加紫禁城前肃穆、深厚的庄严气氛，设计者将紫禁城与正阳门的距离拉长了1.5千米之遥，在其间兴建了大明门、承天门和端门等建筑，这些都是为了符合《礼记》所载的三朝五门之制。

从高耸的正阳门进大明门后，开始步入帝王的统治中心，建筑物的节奏也随之有了变化。但见漫长、幽深的中心御路纵长伸远至森严、神秘的内宫，御路两旁通脊联檐的千步廊及两侧文东武西对称排列着的五府六部等中央官署，构成了一个错落有致的空间，使人目不斜视地直往天安门遥望。

金水桥前，宽阔的"T"字形广场给人以豁然开朗的感觉。朱红城台的背景前，5座精美的汉白玉石桥与金水桥两岸的栏墙，远远望去仿佛线绕着一片白云，烘托着宏伟壮丽的皇城正门承天门。

　　承天门往北侧端门之间仅140米，两旁工整一致的平排朝房，与天安门、端门两个高大建筑相比显得低矮；承天门东有陶左门，西有阙右门，同时按照"左祖右社"的规制，在承天门东侧建有祭祀祖先的太庙建筑群，西侧有一组祭祀土地、五谷神的社稷坛建筑群。

　　午门以内，有一个广阔的庭院，前面横亘着内金水河，它与太和门、太和殿、中和殿、保和殿的群体建筑，构成了一个庞大而宏伟的宫廷建筑群。

　　由此可见，承天门是中轴线上的第一重门。而中

朝房 我国古代的建筑，是御路两侧东西相向、用于古代官吏上朝前休息的房子，如紫禁城中午门广场两旁的房子就是朝房。朝房也指清代帝王陵墓的建筑配置之一，东西各一座，各5间。东朝房是在祭祀时做面点的场所，西朝房是烧制奶茶的场所。

■ 紫禁城角楼

阴阳五行学说

我国古代朴素的唯物论和自发的辩证法思想，它认为世界是物质的，物质世界在阴阳二气作用的推动下孳生、发展和变化；并认为木、火、土、金、水五种最基本的物质是构成世界不可缺少的元素。这五种物质相互滋生、相互制约，处于不断的运动变化之中。

轴线上这一有收敛、有放纵、有高昂、有低回的精美设计，体现了艺术上的抑扬顿挫的韵律，表现出起伏错落、平中出奇的建筑格局。

据史料《明宫城图》记载：明代初建的承天门黄瓦、朱柱，上为面阔五间的门楼，下为开有五孔的城台，外有五座金水桥对应，两侧分列石狮和华表。

在承天门城楼前，有一条河流经过。这条河曾因形似玉带，有人称它"玉带河"或"玉河"，又因其位于元朝皇宫处，俗称"御河"。后来因这条河的源头是从西边而来，来自京玉泉山，流至义和门、南水门入京城，所以元代按照古代阴阳五行学说中西方属于金的说法，称之为"金水河"。

金水河分为内金水河和外金水河。流经故宫内太和殿门前的为内金水河，流经天安门前的金水河为外金水河。

明代以后，金水河的主要作用是保障宫廷用水和防护城垣，即所谓"金城汤池，深沟高垒"。在这一

■故宫金水河

■ 紫禁城角楼

时期，皇宫扑火的几次大火，都用的金水河的水。

外金水河全长500米，河宽18米，河深约5米，河北岸边沿距天安门墙基32米。两岸均由巨型石条砌成，岸上筑有矮墙。

碧波荡漾的河水，映照着天安门城楼，格外美丽灿烂。后来，金水河仅有承天门前的一段还保留，已成为承天门的装饰，而且大部分改为了暗河。

在永乐年间，明朝以元朝皇城的周桥为蓝本，建造了内、外金水桥。内金水桥位于故宫内太和门前广场内的金水河上，系5座并列单孔拱券式汉白玉石桥；外金水桥横亘在承天门前外金水河上的，系5座并列的三孔拱券式汉白玉石桥。

雕刻精美的五座石制外金水桥分别与天安门城楼五个门洞相对应、造型别致。桥南距城门洞62米，桥与桥之间距离5米。桥稍有坡度，中间出现拱面，而且桥身中间窄，两端宽，呈"Ⅱ"型。这种变化多姿、起伏曲折的线条，似彩虹飞渡，更增添了承天门的华丽。桥面略拱，桥身如虹，构成绮丽的曲线美。

■ 紫禁城太和门

明朝五府六部

五府为五军都督府，即中、左、右、前、后五军都督府，也叫五军府，分领在京的除亲军外的各卫所和在外的各督司，只管军籍和军政，不能直接统率军队；六部指吏部、户部、礼部、兵部、刑部和工部，六部各设尚书一人，直接对皇帝负责，尚书下有左右侍郎、郎中和主事等。

据史料记载，五座外金水桥创建于同一时期，而其左右的公生桥，则是后来由于明英宗正统初期创建了左右公生门而得名，左右公生门是在明朝承天门的宫廷广场的皇城墙外的长安街一线建造的两座坐南朝北的皇城小门，且不在皇城城门之数，为明朝五府六部进出皇城的"总门"，但无匾额。

在外金水河两岸，各有一对浑重威武、高2.2米的大石狮。这四个狮子雕刻精巧、敦实勇猛、活灵活现、栩栩如生，它们自明朝永乐年间就蹲守在天安门前了。两对石狮雌雄成对，东西呼应。

东为雄狮，它右爪抬起，在玩弄绣球，俗称"狮子滚绣球"，象征"帝王寰球一统"的威严统治，其权力统一环宇；西为雌狮，它左爪抬起，在戏弄幼狮，象征"子嗣昌盛，繁衍绵延"。

两对石狮的头都歪向内侧，以示其保护中路。东边的雄狮头略向东歪，而眼睛却向西看，西边的雌狮头略向西歪，而眼睛却向东注视，它们都双目圆睁，全神贯注地紧盯着承天门前正中间的御道，仿佛表明它们是皇帝的忠实卫士。

狮子的雕刻很有特点：广阔的前额、卷曲的鬃毛、撅起的鼻子、张开的大嘴、健壮的筋骨、圆阔的肌肉，加上身上披挂的璎珞彩带和铃铛，显得既威武勇猛却又和善柔顺。其雕工精美、造型逼真，显得活灵活现，栩栩如生，是我国石狮中的精品。

在承天门前后，各矗立有一对汉白玉浑圆精美的雕龙柱子，名叫"华表"，又称"望柱"，始建于明代永乐年间，每对华表间距为96米，每根华表由承露盘、柱身和须弥座柱础组成，通高为9.57米，其直径为0.98米，重约20000千克。

华表是中华民族的传统建筑物，有着悠久的历史。相传华表既有道路标志的作用，又有过路行人留言的作用，在原始社会的尧舜时代就出现了，当时称"诽谤木"。尧时的诽谤木以横木交于柱头，指示

天安门华表

汉武帝（前156年—前87年），即刘彻，汉朝第七位皇帝，杰出的政治家、战略家。他在位54年，开疆拓土，击溃匈奴、东并朝鲜、南诛百越、西逾葱岭，征服大宛，奠定了中华疆域版图。汉武盛世是我国历史上的有名的三大盛世之一。

■ 天安门华表

大路的方向，并用于"王者纳谏"。

承天门前的华表仍然保持了尧时诽谤木的基本形状。可见华表不单纯是一个建筑物的装饰品，而且还是提醒古代帝王勤政为民的标志。在我国封建社会，华表为帝王增添了气魄和尊严，是封建皇帝权力的象征。

华表柱头上的部分叫"承露盘"。相传，汉武帝刘彻曾命人在神明台上立一铜铸的仙人，双手举过头顶，托着一个铜盘，以承接天上的甘露，他以为喝了甘露便可长生不老。

后来，这种形式便流传下来，并且取消了仙人，简化为柱子上面放一只圆盘。盘上有一蹲兽，名"望天"，古时一般都称它"犼"。

传说，犼是一种形似犬的瑞兽，喜好张望，根据所望方位不同，表达的意义也不相同。天安门前面的一对石犼，犼头朝向南方，意思是盼望皇帝不要久出不归，故而称为"望君归"。

承天门后面的一对华表上面的石犼，犼头朝向北方，望着紫禁城，意思是希望皇帝不要久居深宫而不知人间疾苦，应该经常出宫体察民情，所以称为"望君出"。

华表的柱身呈八角形，一条巨龙盘旋而上，龙身外布满云纹，汉白玉的石柱在蓝天白云的衬托下真有巨龙凌空飞腾的气势。柱身上方横插一块云板，上面雕满祥云。

华表的基座为八角形汉白玉须弥座，四面雕刻着云龙图案。在华表基座外有一圈石栏杆，外面四周环绕白石雕花栏杆，栏杆的四角石柱头上各雕有一只憨态可掬的小石狮子，它们头朝的方向与承露盘上的石犼一致。栏杆不但对华表起到了很好的保护作用，还将华表烘托得更加高耸秀丽、庄严肃穆。

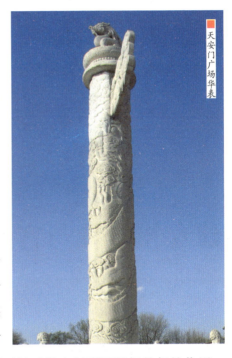
天安门广场华表

阅读链接

周桥的设计师和主持建造者，是元朝时期河北曲阳的一位普通石匠杨琼。曲阳盛产玉石，石雕技艺自唐宋以来已闻名于世。杨琼出身于石工世家，他的石雕"每出自新意，天巧层出，人莫能及焉"。

1276年，为了修建元皇城崇天门前的周桥，很多人画了设计图送上去，都未选中，而杨琼的设计方案，使元世祖忽必烈十分满意，下令由其督建。

《故宫遗录》中记有：这周桥"皆琢龙凤祥云，明莹如玉，桥下有四百石龙，攀戴水中；甚壮"。周桥为皇城增色不少，因而明皇城的建造者把它照样搬来，用以营造金水桥。

建左祖右社与宫廷广场

　　明永乐年间，在天安门东西两侧建有太庙与社稷坛，就是后来的劳动人民文化宫与中山公园。它是按照我国古代封建帝王都城"左祖右社"的传统规制建造的。

天安门旁的社稷坛

■ 北京太庙琉璃门

太庙是皇帝祭祀祖先的地方，社稷代表政权和土地。二者位于天安门两侧，从而加重了皇城中轴线上承天门的重要地位。

承天门左侧的太庙，始建于1420年，是明朝及后来清朝皇家的祖庙。明朝曾经将太庙合祀制度改为分祭，设九庙分别供奉历代祖先。

后九庙中的八庙被焚，仅存睿庙。此后，在重建新庙后，恢复了"同堂异室"的合祀制度。太庙的后殿及两庑以后也不断扩建。

太庙平面呈长方形，占地面积13.9万平方米，南北长475米，东西宽249米。太庙的建筑群共有三重围墙，均为黄琉璃瓦顶红墙身。在第一重和第二重围墙之间是浓郁古老的柏树。

在第一道围墙的西进原有三座门，最南边的称为太庙街门，共五间，通向天安门里；中间的称为太

祭祀 指祭神、祭祖，根据宗教或者社会习俗的要求进行的具有象征意义的一系列行动或仪式。从宗教和民俗意义上按照辞海的解释，祭：指祭神、供祖或以仪式追悼死者的通称。如祭天、祭祖、公祭；祀：指祭神、祭祖。我国的祭祀活动历史悠久，原始社会的先民们就开始了最初的祭祀活动。

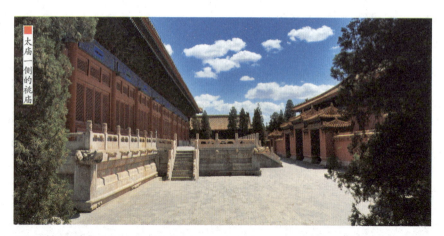
太庙一侧的祧庙

庙右门，也叫神厨门，共三间，通向端门里；最北边的称为太庙西北门，通向午门外的阙左门。三座门都是坐东朝西。

庙内主体建筑为前、中、后三大殿，每逢新帝登基、亲政、监国、摄政、大婚、上尊号、徽号、万寿、册立、凯旋和献俘等，皇帝和嫔妃均到此祭祀。

前殿面阔11间，进深4间，是三殿之主，为皇帝举行大祀之处。明间之上的两层檐间木匾书满、汉文竖写"太庙"，梁柱外包沉香木，其他构件均为金丝楠木建成，地铺"金砖"，整个大殿建在汉白玉须弥座上。前殿是供奉皇族祖先牌位的地方。

每到年末岁尾大祭的时候，将太庙供奉的帝后神祖主木牌移到这座殿里，举行"袷祭"。其两庑各有配殿，东供有功的皇族神位，西供功臣神位。

中殿也叫"寝宫"，是平日供奉死去皇帝神位的地方。两侧有配殿储存祭器。后殿自成院落，殿前有红墙同中殿隔开，称为"祧庙"，是供奉皇帝远祖神的地方，后来清代供奉的是没有称帝前的肇祖、兴祖、景祖和显祖四位追封的先皇帝。

此外，还有戟门、神库、神橱、宰牲亭、井亭和汉白玉石桥等建筑。皇帝祭祀太庙时所走之门，一般都是从午门至承天门御道东侧的阙左门出入太庙街正门。皇帝斋戒于斋宫。祭日时刻，皇帝御祭服，乘礼舆出宫。

承天门右侧是与太庙对称的社稷坛，原为辽、金时代的兴国寺、元朝的万寿兴国寺旧址。1421年，按"左祖右社"的规制于此设坛，以后一直为明清两代皇帝春秋祭祀土地之神和五谷之神的地方。

社稷坛位于后来的中山公园中央，坐南朝北。社稷坛为汉白玉砌成的三层方台。每层用白石栏杆圈围。据《日下旧闻考》记载：

> 社稷坛在阙右，北向，坛制方，二成，高四尺，上成方五丈，二成方五丈三尺，由出陛，皆白石，各四级。上成筑五色土，中黄、东青、南赤、西白、北黑。

坛上五色土，分别象征金、木、水、火、土，是万物之本，含"普天之下，莫非王土"之意。坛的地

神库 始建于1530年，硬山顶，面阔三间，进深一间，带前廊步。明朝用于存放迎送神位用的凤亭，就是抬配位、从位诸神位的力子和遇皇祇室修缮时，临时供奉各神位的地方。东配殿叫"祭器库"，是存放祭祀所用的器皿具的库房。彩画是神库建筑上的一大特色。它们用的是雄黄玉彩画。

■ 天安门右边的社稷坛

■ 社稷坛内的拜殿

戟门 指太庙戟门，为明代规制。黄琉璃筒瓦屋面，单檐庑殿顶，檐下施单抄双下昂斗拱，坐落在汉白玉石护栏围绕的白石须弥座台基上，台基前后踏道三出。戟门前有单孔白石拱桥五座，戟门左右旁门各一。桥北面东西两侧各有一座六角井亭，桥南左为神库，右为神厨。戟门内外原列戟120根。

基全部用的是汉白玉，坛四周设围墙，上覆琉璃瓦，瓦色与坛上土色相对应。在坛中央曾有一方形石柱，名为江山石，意为江山永固。

坛的四方各有一座汉白玉的棂星门，显得庄严肃穆。在花坛北有一既庄重又精巧的木构大殿，称拜殿。此殿始建于明永乐年间，顶为单檐歇山黄琉璃瓦，面阔五间，进深三间，朱红门窗，白石台基，是为皇帝在祭祀途中避风雨而设。

在拜殿的北侧有一座门叫戟门，进深五间，原门内曾陈列有铁戟72把，每把铁戟长约3.7米，号称"银徽红杆金龙戟"。此外，还有位于内坛墙西门外南侧的宰牲亭和位于社稷坛外西南的神橱、神库等附属建筑。

皇帝来社稷坛祭祀时，从阙右门进社稷坛东北门至坛的门外，下辇坐轿入右门，顺戟门往东行至拜殿东阶下轿，在乐舞声中到坛上行祀。

坛上设有神牌，太社位于右，太稷位于左，均朝北。每年皇帝之所以要亲祀，是以表示"非土不立，非谷不食，王者以土为重，为天下求福报功"。

明永乐年间，明朝在规划营造宫城时，除建左祖右社外，还建有宫廷广场，以显示其皇权至上的气派。明代永乐年间所建宫廷广场，是北京最早的天安门广场。

据史料记载，辽金时期燕京城东北郊外有一座著名的古刹兴国寺，其位置在后来天安门广场的西北角一带，明朝的宫廷广场便创建于兴国寺的遗址之上。

在元朝时，宫廷广场从宫城前移至皇城前，从不封闭、半封闭发展到完全封闭。明朝以后承袭了元朝宫廷广场的规制。

承天门建成后，把其前边的大片旷地用红墙围起，形成了更加封闭的"T"字形前院，是为皇城内的宫廷广场。至此，宫廷广场已成为只有皇帝、宗室

燕京　据史书记载，公元前11世纪，周武王克商以后，封帝尧之后于蓟，封召公于燕。秦灭燕之后，设置蓟县，故址在后来的北京城。战国七雄中有燕国，就是因临近燕山而得国名，其国都称为"燕都"，又称"燕京"。此后，在一些古籍中多用其为北京的别称。

■ 蓝天白云下的天安门城楼

北京紫禁城

和官吏出入的禁地。

　　明朝时的宫廷广场原由大明门、长安左门和长安右门以及千步廊合围而成。在承天门南面，正阳门之北，原有一座三阙的大清门，其北侧左右各有东西向廊房110间，称千步廊，又东、西折向北廊房各34间，东接长安左门，西接长安右门，皆连檐通脊。面北为天街，即后来的长安街，凡文武百官至此要下马下轿步行。

　　在古代，北京城的中心是紫禁城，而宫廷广场所在的范围，恰好也涵盖在紫禁城这个中心之内。作为对称，在承天门城楼建筑上，讲究"左祖右社"；在宫廷广场布局上，讲究"文东武西"，国家机构分列广场两侧。因此，明朝首建礼部后便把五府六部集中在了宫廷广场两旁。

　　千步廊东侧是掌管全国礼仪、祭祀、宴享、贡举等事务的礼部和掌管全国官吏选授、考课、勋封之政的吏部，负责全国户口、土地、赋税、财政收支等事务的户部以及宗人府、兵部、工部、鸿胪寺和钦天监等，衙署建筑均坐东朝西。

　　千步廊西侧有全国最高统军机构左、中、右、前、后五军都督府和掌管祭祀礼乐的太常寺及受理内外章疏、收臣民密封申诉之件的机构通政使司以及掌管侍卫、缉捕、刑狱之事的锦衣卫等衙署建筑均坐西朝东。

雄伟壮丽的古代城楼

明朝时，由吏部、兵部常在东侧千步廊选拔官吏，叫作"月选""官掣"，礼部在那里审核乡试、会试考卷，叫"磨勘"；而西侧千步廊则是刑部审判犯人的地方，称为"朝审"与"秋审"。

整个宫廷广场处在森严、幽深、神秘的布局之中，成为朝廷礼法所系之地，是封建帝王皇权至尊思想的集中体现。

那时，由于实行殿试的科考制度，所以每三年一次在京都举行科考，时间是在春季农历三月。地方各省的举人，都可进京应考。

但进京应考的举人，必需首先集中在大清门内东侧的千步廊，待朝廷礼部经会试考中为贡士之后，再由贡士经殿试考中者，才能被皇帝赐为进士。凡经殿试考中状元、上了金榜的，统称为"登龙门"。所以，老百姓把长安左门俗称为"龙门"。

但是，大清门内西侧的千步廊和长安右门，其用途与东侧的千步廊和长安左门截然不同。朝廷规定，每年各省在秋季以前，将平时判处死刑并未立即执行的案件，必需上报朝廷的刑部。

各省上报的案件，必需首先集中于大清门内西侧的千步廊，由刑部会同负责审查案件的官署大理寺等进行审核之后，奏请皇

殿试 为我国宋、元、明、清时期科举考试之一。又称"御试"、"廷试"或"廷对"，即指皇帝亲自出题考试，对会试合格者区别等第。殿试为科举考试中的最高一段，由武周皇帝武则天创制，宋代始为常制。明清时期殿试后分为三甲：一甲三名赐进士及第，通称状元、榜眼、探花；二甲赐进士出身；三甲赐同进士出身。

■ 天安门金水桥

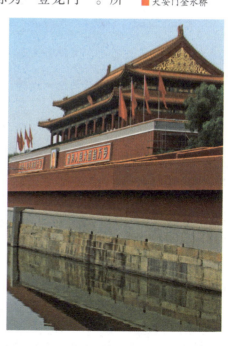

■ 庄严肃穆的天安门

帝裁决。

　　然后，由朝廷将皇帝的裁决，也经天安门送出长安右门，公布于众，叫作"秋审"，即将胆敢侵犯"王法"的重犯就将押出长安右门"正法"。显然谁一旦被押入这个虎口，就再难生还了。所以，老百姓将长安右门起了个绰号，呼之为"虎门"。

　　长安左、右门又因"东青龙，西白虎"而得名龙、虎门。两道门外面是张贴皇榜之处，文榜在龙门外，武榜在虎门外，两道门因各有三个门洞，所以也俗称为"三道门"。

阅读链接

　　我国的礼制思想有一个重要内容：崇敬祖先、提倡孝道；祭祀土地神和粮食神。有土地才有粮食，"民以食为天"，"有粮则安，无粮则乱"，风调雨顺，国泰民安这是人所共知的天经地义。左祖右社，则体现这些观念。

　　所谓"左祖"，是在宫殿左前方设祖庙，祖庙是帝王祭拜祖先的地方，因为是天子的祖庙，故称太庙；所谓"右社"，是在宫殿右前方设社稷坛，社为土地，稷为粮食，社稷坛是帝王祭祀土地神、粮食神的地方。古代以左为上，所以左在前，右在后。

重建后的承天门城楼

　　1421年，明成祖朱棣颁诏正式迁都北京。承天门建成之后，蒯祥因设计了承天门和皇宫中的三大殿以及十三陵中的裕陵等一批重要的皇宫建筑，声誉鹊起。就连明宪宗朱见深每次见到他都会龙颜大悦，"每每以'活鲁班'呼之"，称赞蒯祥为"蒯鲁班"。

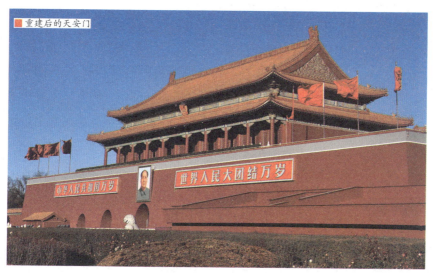

重建后的天安门

■ 天安门城楼侧景

1456年，蒯祥晋任工部左侍郎后，他又先后参加或主持了多项重大的皇室工程。明代内阁首辅杨廷和在《宪宗实录》中评说：

凡店阁楼榭，以至回廊曲宇，随手图之，无不称上意者……凡百营造，祥无不与……

首辅 明朝对首席内阁大学士的习称，也称"首揆"或"元辅"。设置于1402年，名义上相当于宰相之职，但无宰相之权。明中期后，大学士又成实际宰相称"辅臣"，称首席大学士为"首辅"。嘉靖、隆庆和万历初期，首辅、次辅界限严格，首辅职权最重，主持大政，权力最大。

1457年，承天门遭到雷击起火被毁。但在当时，承天门没能得到恢复。直至1465年，明宪宗朱见深才下诏由工部尚书白圭主持，蒯祥设计并参与施工重建九开两层的木构承天门城楼。

这次重建，蒯祥将承天门由牌坊式改建成了宫殿式，基本上奠定了后来天安门的规模。此后，明朝180年间虽有修建，但都未作较大变动。

承天门城楼重建后，一座更加雄浑壮丽，更加庄重肃穆的城楼在承天门旧址废墟上拔地而起，造型威严庄重、典雅，气势宏大，是我国古代传统建筑艺术的代表作，其建筑风格和装饰水平在当时即受到了文武百官的一致称赞。在这之后，蒯祥又多次负责主持了对承天门的修缮。

承天门城楼总高33.7米。它的主体建筑分为上下两层，上层是巍峨的大殿，下层是巨大的城台。承天门城楼的大殿为重檐，就是两层檐歇山式屋顶。

重檐歇山式屋顶的前后两坡是整坡，左右两坡是半坡，中间有一条正脊，正脊两端折下，有四条垂脊，四条戗脊，就是垂脊下端折向的一条接连殿角，两侧留有山花。

重檐的大殿顶上覆盖着金黄色的琉璃瓦，四角屋檐微微上翘，斜平舒展，形成漂亮的凹线形曲线，使巨大、沉重的屋顶已得轻盈飘逸，肃穆尊贵。

戗脊 在不同方向的承梁板的屋顶中，两个斜屋面交接处所形成的外角，又称岔脊，是我国古代歇山顶建筑自垂脊下端至屋檐部分的屋脊，和垂脊成45度，对垂脊起支戗作用。戗脊上安放戗兽，以戗兽为界分为兽前和兽后两段，兽前部分安放蹲兽，数量根据等级大小各有不同。

■ 天安门侧景

屋顶斜面设计成凹形曲线，也有它的实用效果，下雨时，流水经过这里后，能够滴到距离墙基较远的地方去，可以保持墙基的干燥和延长建筑物的寿命。同时，后檐高高翘起，既增加了阳光照射的面积，保持了室内的亮度，又使大殿增添了奔放之感。

在屋顶的正脊和垂脊上，还装饰着神态各异、生动有趣的龙吻和仙人走兽，使承天门外观显得更加古雅、华丽。在红色为底的东西两侧山墙上，大面积贴金，圆圈形的叫万寿圈，呈绶带形状的为万寿带。它们相互缠绕，金光灿烂，喻示着皇帝万寿无疆、皇恩浩荡。

我国古代建筑的形式极富变化，最突出的表现就在屋顶上。根据建筑等级的高低和使用性质不同，建筑物屋顶造型也截然不同。

最尊贵的是庑殿顶，由于它由四大坡交成五条脊，所以也称"四阿顶""五脊殿"，如故宫的太和殿、午门城楼等。

其次是歇山顶，还有攒尖顶、悬山顶、硬山顶等多种形式。歇山顶也叫九脊殿，分为单檐、重檐两种，虽比庑殿顶低一个等级，但它仍是宫殿建筑中较高的形制建筑。

承天门城楼的地位虽然比不上太和殿、午门以及乾清宫等皇宫建筑，但由于它采用了重檐歇山顶形式，也使中轴线上的建筑物富有了变化，避免了形式上的千篇一律。

故宫建筑一角

在巨大的承天门朱红城台上层正中，坐落着巍峨壮观、金碧辉煌、威严宽敞的大殿。大殿坐北朝南，底层四面环廊，基座长61.6米，宽32.5米，面积1920平方米。

基座底部至正吻兽头顶22.6米，四周雕刻有荷花宝瓶图案的汉白玉栏板，栏杆望柱上雕成莲花瓣瓜头花饰；殿内红漆木柱，宫灯高悬，和玺彩绘，雕梁画栋，驻足此间，赏心悦目。

古时称大殿"门五阙、重楼九楹、彤扉三十六"。东西面阔九间，南北进深五间。我国古代把数字分为阳数和阴数，奇数为阳，偶数为阴。阳数中九为最高，五居正中，因而以"九"和"五"象征帝王的权威，称之为"九五之尊"。九五相合象征帝王之位。

《易经》上说：

九五飞龙在天，利见大人……言九五阳气盛至于天，放飞龙在天……犹若圣人有龙德，飞腾而居天位。

承天门主体建筑充分体现了皇权至上的思想。承天门大殿共有60根直径约为92厘米的红漆木柱，承受着屋顶建筑大部重力。

■ 天安门城楼

望柱 也称栏杆柱，是栏板和拦板之间的短柱。望柱有木造和石造。望柱分柱身和柱头两部分；柱身的截面，在宋代多为八角形，清代望柱的柱身，截面多为四方形。望柱柱身各面常有海棠花或龙纹装饰。柱头的装饰，花样繁多，常见的有龙纹、凤纹、云纹、狮子、莲花和葫芦。

■ 天安门城楼内景

宫灯 即我国历代皇宫中用的灯，主要是些以细木为骨架镶以绢纱和玻璃，并在外面绘上各种图案的彩绘灯，又称"宫廷花灯"，是我国彩灯中富有特色的手工艺品之一。它以雍容华贵、充满宫廷气派而闻名于世。由于长期为宫廷所用，除去照明外，还要配上精细复杂的装饰，以显示帝王的富贵和奢华。

正面的36扇门窗，为我国传统的菱花格式，连锁不断的花纹，构成一幅简洁整齐的图案。窗的下部为雕花裙板，显得大方而稳重。

古代建筑宫殿使用的材料，在质量上要求很严，木架和装修均用上等的珍贵楠木，凡梁柱必用楠木。承天门的漆木柱、梁枋和斗拱等楠木用料主要采木于四川、湖广、浙江和山西的崇山峻岭，再经长江沿运河、通惠河运到北京。

在承天门城楼大殿内，悬挂于梁柱之间的17盏大型玻璃宫灯，与古老的建筑浑然一体，格外醒目。

大厅正中最大的那盏八角宫灯为主灯，有八个面，全高6米，直径2.8米，重约450千克；其余16盏为六个面的辅灯，每个辅灯高6米，直径2.2米，重约350千克。八角宫灯和六角宫灯一起组成了一个众星捧月的图案。

承天门大殿地面是由"金砖"铺墁而成。"金砖"特指江南、苏州烧制见方二尺细料方砖。此砖经运河和通惠河运至北京，包供皇帝专用，始称"京砖"。后因这种砖敲击有声，声如金钟，亦被称为"金砖"。

城台从地面到台顶高12.3米，上层长116米，宽38.76米，面积为4500平方米，下层长120米，宽40米，底面积4800平方米，整个城台外观呈立体等腰梯形。

明朝在营造和重建承天门时，城台的上部是用大城砖垒砌并用白灰膏、江米汁灌浆的实心城台。每块城砖重24千克，这些城砖大多来自山东临清。在当时，那里派有专人督办烧制城砖，装漕船经北运河、通县张家湾转运到北京城。

城台墙身的颜色全部粉刷为红色，旧时所用红色涂料主要有白灰、头号红，另加少量江米，就是糯米、白矾等调配而成。江米取其黏性，白矾提色出亮，将其用在外表粉饰，光致细密、色调美观。

在舒展高大、端庄朴厚的承天门城台下有五个券形门洞，门洞长均为40米，但高宽不一。五个门洞中，数中间最大，高8.82米，宽5.25米，此门正中恰好压在皇城的中轴线上。

天安门城楼

校场 指古时候操练或比武的场地。唐·李濯《内人马伎赋》："人矜绰约之貌，马走流离之血，始争锋於校场，遽写鞚於金埒。"校场是针锋相对的地方，而且皇帝常在校场检阅部队。

汉白玉 是一种名贵的建筑材料，是大理石的一种，因其质地洁白无瑕，似玉非玉，自汉朝以来就被用于高规格的建筑装饰、雕刻等，故而得名"汉白玉"。其主要产地为四川宝兴，北京房山和河北保定。

其余四个门洞依次往外缩小。对称于中央门洞两侧，紧靠中间门洞的两个门洞各宽4.43米，最外的两个门洞各宽3.83米。

承天门城台下部是洁白宽大的汉白玉石须弥座台基。出地面高1.59米。台基在古建筑工程中匠师相袭称之为'治明'。它有一部分埋入地下，承受基上全部建筑重力并传给地基。台基具有保持建筑稳定、防水、防潮之功能。

承天门城台的台基采用汉白玉基座，属宫殿建筑中规格最高的台基建筑，不仅能衬托出城楼的巍峨壮观，而且，汉白玉台基经久耐用，可以延长城楼建筑寿命，加强建筑物的稳重感。

在城台上部边沿四周是1.2米高的淡青色女儿墙，上覆黄色琉璃瓦，远远望去，犹若一条银带缠绕在天安门上，把这座古建筑装饰得美丽无比。

在承天门城楼东西两侧，各有一条长30米，宽

天安门城楼的一角

天安门夜景

中华人民共和国万岁

6.5米，用青砖铺成的梯形通道，也称马道。马道系古称校场或城墙上跑马的路。明朝时，每当在承天门举行"金凤颁诏"仪式时，宣诏官员都要从这里上下城楼。

后来，马道年久破损，在承天门修缮时，将马道改砌成了五条阶梯。整条马道分为四层台阶，每层17级，共68级，中间有三个平台。同时，马道两边的路灯也由原来的宫灯形状改换成了壁灯，每个马道七组，每组两个壁灯。

阅读链接

关于"金砖"，一说此砖从取土、烧制、运输、加工直至铺设，每块价在当时约折合一两黄金，故称"金砖"。制砖之泥以"黏而不散，粉而不沙"为上。

"金砖"的制造工艺较为复杂，全部为手工操作，需要经过取土、炼泥、装模、阴干、焙烧和涧窑等十几道工序，方能制成。

古时，一般平民百姓屋舍别说用"金砖"犯忌，就是能看上一眼也是很难的，所以"金砖"的使用通常仅限于皇宫等古代建筑群。

承天门城楼的精美装饰

北京故宫建筑

古代皇宫建筑对做工与装饰都特别讲究，其装饰艺术中布局的大小规格、严谨程度直接影响着整个建筑象征性的表达。

承天门作为皇宫的正门，屋顶上熠熠生辉的琉璃瓦、龙吻和栩栩如生的仙人走兽，大殿内外的斗拱、梁枋与和玺彩绘以及城门与门钉的使用都是皇权和封建等级制度的象征性体现。

在承天门城楼大殿的屋顶上，覆盖着上千块金黄色

■ 北京天安门城门

的琉璃瓦。这些古朴的琉璃构件，在阳光的照射下，流光溢彩，散射出耀眼的光辉，使这座建筑愈显得精美华贵，气势非凡。

琉璃建筑构件的出现，最早的史籍记载见于北齐时期的魏收撰写的《魏书》，书中的《西域传大月氏》中记载：

世祖时其国人商贩京师，自云能铸石为五色琉璃，于是，采矿山中，于京师铸之，既成，其光泽乃美于西方来者。仍诏为行殿，容百余人。

从那时起，琉璃就以它华美的色泽和良好的防水性能与建筑结下了不解之缘。琉璃的色彩种类很多，有黄、绿、青、蓝、黑、白和翡翠等十几种。

元朝宫殿大量使用的是绿色琉璃。但到了明朝，对于什么样的建筑使用什么色彩的琉璃则有了说辞。

《魏书》北齐魏收撰，是一本纪传体史书，内容记载了公元4世纪末至6世纪中叶北魏王朝的历史。124卷，其中本纪12卷，列传92卷，志20卷。因有些本纪、列传和志篇幅过长，又分为上、下两卷，或上、中、下三卷，实共130卷。

■ 北京故宫中式建筑

《唐会要》是我国最早的一部断代典制体史籍，100卷，北宋宰相王溥撰，它取材于唐代的实录文案，分门别类地具体记述了唐代各项典章制度的沿革变迁，始称《新编唐会要》，后简称《唐会要》。

明朝以后，黄色琉璃多用于皇宫和重要的庙宇处，绿色琉璃多用于宫廷内的一般殿宇、城门庙宇和王公府第等处，黑色琉璃常见于庙宇和王公府第，蓝色琉璃预示无穷，只用于与隆重祭祀有关的建筑，如天坛祈年殿。

在承天门城楼屋顶正脊的两端，有一对翘首华丽的琉璃装饰物，古代称为龙吻，因在正脊上，又称之为大吻或正吻。

龙吻高3米多，宽2米多，重约4吨，由13块琉璃构件组成，俗称'十三拼'。承天门共有正脊一条，垂脊八条，在正脊与垂脊上共有10个龙吻，故又有"九脊封十龙"的说法。

龙吻表面饰龙纹鳞甲，龙首怒目，四爪腾空，张口吞住正脊，脊上插有一柄宝剑。在古代建筑中，龙吻不但是一种重要的装饰物，而且由于它衔接了殿顶正脊与垂脊之间的重要关节，从而起到了使殿顶更加封闭、牢固和防止雨水渗入的作用。

古代建筑正脊两端的龙吻，过去又称为'鸱吻'。它的演变过程大体为：由鸱尾到鸱吻至龙吻。唐代以鸱吻为主，明代以后才由龙吻取代了鸱吻。据《唐会要》所记载：

> 汉柏梁殿灾后，越巫言海中有鱼，虬尾似鸱，激浪即降雨，遂作其像于屋上，以压火祥。

鸱尾的形状呈月形，有点像鱼的尾巴，又有点像鸟，人们当时把它装饰在屋顶上，有"辟火镇灾"之意。

明朝承天门的龙吻嘴张得很大，可以吞住正脊的盖脊瓦、正脊筒和群色条三部分，而清代的龙吻嘴张

脊瓦 就是指盖在屋脊上的、同一部分能向两面排水的瓦，而盖瓦为坡面上的瓦只能单向排水的。形象的以故宫为例，丫子形的棱上多为脊瓦，作用是向两边排水，棱之间的面上的为盖瓦，作用是沿面向下排。脊瓦在我国有悠久的历史。

■ 天安门城楼的和玺彩绘

天安门节日之夜

得较小，仅能吞住盖脊瓦和正脊筒，群色条在龙嘴的下唇以下了。

在承天门正脊上的龙吻，其颈背上还插有一把宝剑，并露出伞形剑靶。它起装饰龙吻，增加其华丽气势的作用。除正脊上的龙吻外，两坡垂脊上也各有一龙吻，亦称垂脊吻，其体形略小，呈前趋势，起封护两坡瓦垄和装饰垂脊的双重作用。

在我国古代宫殿的建筑中，屋脊的装饰是重要的一部分。承天门除了正脊、垂脊上的龙吻外，在八条垂脊上还有72个栩栩如生的仙人走兽。每条垂脊最前面的是一个骑着似凤非凤、似鸡非鸡的仙人领路，称之为"骑鸡仙人"。

仙人之后依次是龙、凤、狮子、天马、海马、狻猊、押鱼、獬豸和斗牛九个形态各异的走兽。它们俨然一副"昂首摆尾、欲上九天揽月"的气势。

九个走兽各有各的含义。龙为万物之首，凤为百鸟之王，龙、凤是"吉祥富贵"的象征，取其吉利之义；狮子乃兽中之王，狻猊传说为能食虎豹的猛兽，亦是"威武百兽率从"之意；天马、海马在古代是尊贵的象征，寓意"皇家的威德可通天入海"；押鱼是海中异兽，能兴风作浪，传说是防火、灭火能手。獬豸外形似龙又有尾，似狮却生角，性情忠直，善于分辨曲直，含"主持公道"之意；斗牛是身披鳞甲又有龙的神态且外形似牛的一种异兽，能消灾灭祸。

关于这些走兽的含义人们说法不一，但总体上不外乎镇灾除恶、逢凶化吉，体现着皇家殿宇的威严和吉祥富贵。

仙人走兽和龙吻一样，不单单是檐脊上的装饰物，还是檐脊上不可缺少的组成部分。"骑鸡仙人"的作用是固定垂脊下端的第一块瓦件，其他走兽的功能是遮住两坡瓦垄交汇点上的三连砖上口，保证雨水不从三连砖处渗入。这些部件完美地起到了密封、防漏和加固的作用。

明朝各殿宇的等级不同，走兽数目也有着严格的等级区别。按古建形制，一般多采用奇数三、五、七、九，最高为九个（不包括仙人），如承天门、端门、乾清宫等都为九个，但太和殿却破例在九个走兽后边又加上一个名为"行什"的走兽，达到十个，为宫殿走兽中最多的一例，充分体现出该建筑的地位尊崇。

殿宇降级，走兽数目也随之减少，一般皇帝居住

行什 在我国古建筑的岔脊上，共装饰有10个小兽，其中最后一个就是行什，是一种猴面孔带翅膀的人像，手持有降魔的功效的金刚宝杵，是压尾兽。因排行第十，故名"行什"。古代建筑上的脊兽，可见的行什仅在太和殿上，象征着"消灾灭祸、逢凶化吉"，还含有"剪除邪恶、主持公道"之意。

■ 天安门城楼秋景

和处理政务的地方为九个，皇后寝宫坤宁宫为七个，嫔妃居所东西六宫为五个，有的甚至是一个。减掉的走兽是减后不减前，而且要成奇数。另外，走兽的尺寸、颜色视殿宇等级也有明显区别。

■ 建筑上的彩绘

找头 是指檩端至枋心的中间部位，由找头本身、皮条线、盒子、箍头等部分组成。如檩枋较长，找头部分可延长，皮条线沿边用双线，加箍头和盒子等。

柱网 单层房、多层房中，承重结构柱子在平面排列时形成的网格称为柱网。柱网的尺寸由柱距和跨度确定。所以建筑柱网的确定主要就是确定跨度和柱距。

在承天门大殿翘边翘角的飞檐下，是令人眼花缭乱而又排列有序的斗拱和梁枋。斗拱为我国传统木构架体系建筑中所独有，是由外形方木弓形横木组成的具有翘、昂、拱特点的木制构件。

斗拱在西周、战国时代就已出现；唐宋时，只是为了加强建筑结构的整体作用；明时，则成为柱网和屋架间的主要装饰。

色彩艳丽、上下叠落、层层咬合的斗拱，是柱与屋顶的过渡部分，不但能使屋檐上翘和向外伸展，而且起到了承受屋顶重量并分散到柱身上的作用。斗拱自唐代发展成熟后便规定民间不得使用。

梁枋又分为额枋和檐枋。承天门屋檐斗拱下面是额枋，上边绘有华丽的彩画和金龙图案；大殿柱顶部位，柱子之间相互联系的构件叫檐枋，绘有龙凤和玺图案。一般较长梁枋构件的彩画分为五段，两端部分称箍头，其内侧为找头，中间称为枋心。

和玺彩绘是我国古典建筑中一种特有的装饰艺术，也是彩绘形式中最为高级、最为尊贵的彩画作。

主要用于宫殿、坛庙等大型建筑物的主殿。

梁枋上的各个部位主要线条全部沥粉贴金，金线一侧衬白粉或加晕，用青、绿、红三种底色衬托金色，看起来非常华贵。和玺彩绘分为"金龙和玺""龙凤和玺"和"龙草和玺"三种。

承天门大殿环廊采用的是金龙和玺图案。整组图案以各种姿态的龙为主要内容，枋心是二龙戏珠，找头中青地为升龙（龙头向上），绿地画的是降龙（龙头向下），盒子中间为坐龙，并衬以云气、火焰等图案，具有强烈的神威气氛。

在大殿厅堂纵横交错的梁枋上绘的是龙凤和玺彩绘。枋心是双龙或是双凤，找头、盒子等部位青地画龙，绿地画凤。"龙凤和玺"含有"龙凤呈祥"和"双凤昭富"之意。屋顶上的天花藻井画的是团龙图案。整个大殿在龙凤和玺彩绘的衬托下，显得富丽堂皇、金碧生辉。

承天门的五个城门洞中，各有两扇朱漆大门，门上布有"纵横各九"的镏金铜钉。在城门上施用门钉之举，最早出现于隋唐时期，最初是出于构造的需要，在木板和穿带部位，钉上铁钉以防止门板松散。但由于铁钉钉帽露在门表面有碍观瞻，为美观起见，人们将钉帽打造成泡头形状，兼有了装饰功能。

明代以后，对于使用门钉的数量，有了等级上的讲究："宫殿门

天安门城楼的和玺彩绘

■古门上的门钉

庑皆崇基，上覆黄琉璃，门设金钉。" "坛庙圜丘外内垣门四，皆朱扉金钉，纵横各九"。

门钉要纵、横各九路，因为九是阳数之极，"九重"为帝王之居，只有皇帝的皇宫及城门正门才能享有"纵横各九"的规格，以下按品级门钉数量呈单数递减。

一般亲王府邸的大门上门钉纵九横七；世子府邸门钉纵七横五；公爵门钉纵横各七，侯爵以下至男爵纵横各五。不过，他们各自的大门上只能为铁制门钉，不能采用铜制门钉。天安门乃皇城正门，当然门钉也属最高级别。

阅读链接

在承天门正脊上的龙吻，其颈背上插有一把宝剑。据说，这是因为怕龙吻擅离职守逃回大海，所以把它死死地锁在屋脊上，使其不能腾飞。

明代以前，虽有龙吻但多不插剑靶。明清两代龙吻上的剑靶在外形上也有区别，明代剑靶外形为宝剑剑柄，剑柄的上部微微向龙头方向弯曲，顶部作出五朵祥云装饰。

清代剑靶外形也是剑柄，但上部是直的，没有向龙头方向弯曲，顶端雕饰的图案是鱼鳞装饰。天安门龙吻上的剑靶属清代形制。

清朝扩建并更名为天安门

　　明末时，宏伟壮观的承天门毁于兵火，上半部荡然无存，只剩下光秃秃的五个门洞。1644年，清朝决定定都北京后，立即着手对北京宫室进行了修复。当时，虽然也有一些增建的宫殿，但数量不多。

　　清朝的皇城、宫城大多承袭明代旧制，经过几次大规模的修缮后，古都北京的城郭和城门基本上恢复了原貌。

■皇宫建筑

■ 天安门前的汉白
玉石栏杆

清世祖（1638
年—1661年），
即顺治帝，本名
爱新觉罗·福
临。清朝入关后
的第一位皇帝。
他6岁登基，14
岁亲政。他亲政
后，整顿吏治，
重视农业，提倡
节约，减免苛
税，广开言路，
网罗人才，还迁
都北京，为巩固
清王朝统治做出
了巨大贡献。

当时，由于进京不久，清朝统治者特别注重"安"与"和"的策略，以求得清朝统治的"长治久安"。于是，清朝除采用其他措施外，还在城门的名称上大做文章。

清朝首先将紫禁城内的"皇极殿""中极殿""建极殿"分别改名为"太和殿""中和殿""保和殿"，以取内宫平稳之意。还有皇城的"地安门""东安门""西安门"三个门，都突出了一个"安"字，以示外安内和。

1651年，清世祖爱新觉罗·福临下令在承天门原废墟上进行了大规模改建，按明时承天门原貌重修城楼，将"承天门"更改成了"天安门"，但天安门上悬挂的木质匾额是"天安之门"，以取"受命于天，安邦治国"之意。

这样，"天安门"既涵盖了"承天启运"的命名意旨，又纳入了"安邦治国""国泰民安"的思想。

1688年，康熙皇帝下令大规模修缮与扩建天安门，基本保持了顺治时改建的形制。在天安门城楼基座周围增建了汉白玉栏杆、栏板，雕刻了莲花宝瓶等图案。

在康熙年间，除重建天安门城楼外，还修缮和扩建了金水桥以及天安门宫廷广场等。

天安门前的7座桥在建制、装饰和使用对象上各有不同，一直有着森严的等级制度。位于7座桥最中间、最突出的一座桥的桥面最为宽阔宏大，长23.15米，宽8.55米，白石栏杆柱头上雕刻着蟠龙望柱，下衬云板，为皇帝一人专用，称为"御路桥"。

御路桥两旁，白石栏杆上雕有荷花柱头的桥叫"王公桥"，桥面宽5.78米，只许宗室亲王们通行；王公桥外侧的两座桥较窄，宽4.55米，叫"品级桥"，只许三品以上的文武大臣通过。

康熙皇帝（1654年—1722年），即爱新觉罗·玄烨，是清朝定都北京后的第二位皇帝，年号"康熙"，是我国历史上最成功的帝王之一，也在位时间最长的皇帝。是我国统一的多民族国家的捍卫者，奠定了清朝兴盛的根基，开创出了康乾盛世的大局面。此外，他还组织编撰了《康熙字典》。

■ 太和殿

《国朝宫史》
清代宫廷专史，共36卷，1742年时，清代内廷大学士鄂尔泰、和张廷玉等奉敕编纂，完稿于1806年。全书分为6门，其中训谕4卷、典礼6卷、宫殿6卷、经费3卷、官制2卷、书籍15卷。《国朝宫史》书成之后，向无刻本，只缮录三部，一部贮乾清宫，一部贮尚书房，一部贮南书房。

雄伟壮丽的古代城楼

在金水桥中，最靠边的两座桥比品级桥还窄，只是普通浮雕石桥，叫"公生桥"。

公生桥一座在太庙，即现在的劳动人民文化宫门前；一座在社稷坛，即现在的中山公园门前，供四品以下官员、兵弁和夫役过往使用的。

在清朝时期，北京皇城和宫城最大的变化是1754年扩建了天安门前宫廷广场。据《国朝宫史·宫殿一》记载：

> 天安门外，东为长安左门，西为长安右门，重建于1754年，至1760年竣工，又增筑长安左门外围墙一百五十五丈，长安右门外围墙一百六十七丈五尺一寸。各设三座门。

■ 故宫全景

■ 故宫金銮殿龙椅

这说明，当时的天安门广场，在长安街左、右门外又分别加筑了一道围墙，从而将门外的街道也括入了天安门前广场之内。

北京皇宫在顺治、康熙两朝虽尚属恢复阶段，但其宏伟壮丽与精美绝伦在世界上已堪称一流。在当时，广场东侧大部分沿用明朝旧制，仍为各部所在，当时叫户部街。

为了封建统治的需要，清朝在户部街外侧增设了掌制诰、史册、文翰之事的翰林院，负责对外通商和交涉事物的总理各国事务衙门及太医院等。

在天安门广场的西侧，清朝采用八旗兵制，不再建立五军都督府，并把原来的街道改称前府胡同、右府胡同、左府胡同、中府胡同和后府胡同等，还在明锦衣卫旧址建立了刑部，称这条街为刑部街，后来，在刑部街上又增设了都察院和大理寺等审案判刑的机

翰林院 是我国历史上曾经长期存在的一个带有浓厚学术色彩的官署。尽管它的地位在不同朝代有所波动，但性质却没有太大变化，直至伴随着封建时代的结束而寿终正寝。在院任职与曾经任职者，被称为"翰林官"，简称"翰林"，是传统社会中层次最高的士人群体。

关，又称司法部街。

另外，在长安左门、长安右门有分别通往五府六部的总门两座，叫作"公生门"，文武官员由此进出宫廷俱奏。

乾隆年间，清朝在公生门两边加筑围墙，东西折向北转接皇城墙，又在新加围墙东西端各辟一门，门三阙，分别称东三座门、西三座门。后来，公生门和东、西三座门及内里的五府六部陆续拆除。

在清朝末年，天安门遭到严重破坏。后来，荒凉破败的天安门城楼历经两次最大规模的修缮，由原来的通高33.87米变成了34.7米。整个天安门古建筑群，从天安门到外金水桥至天安门广场，全部建筑焕然一新，呈现出一派勃勃生机。

在天安门城楼大殿内，在10根红色廊柱中间，悬挂上了八个红色的大宫灯。每个宫灯高2.23米，周长8.05米，直径2.25米，重达80千克，每一盏至少三个大人才能环抱过来，在当年堪称有史以来最大的宫灯。

天安门城楼的中厅悬挂了一幅高2.6米、宽5.8米的《江山永泰图》。该以奇特的构思、浓烈的笔墨和粗犷的线条，勾勒出一幅巍峨

雪中建筑美景

■ 天安门夜景

雄浑的泰山图。画家借泰山讴歌和谐盛世。

在天安门城楼东西两侧，各有七个红色的观礼台，观礼台前，东西各筑有花坛。在天安门城楼的前方近处是两座大观礼台，每座长95米，宽12米，各有6个小区。观礼台呈北高南低倾斜式，内有梯形台阶，总容量为20000多人。

阅读链接

据史料记载，在清初期，摘下了"承天之门"匾额，挂上了刻有满、汉、蒙三种文字的"天安之门"匾额。

此后，"天安之门"匾额上的三种文字又被改成了满、汉两种文字，而且，"之"字被去掉了，"天安门"三字为汉字楷书，其字体也相应扩大，几乎增大了一倍。

后来，匾额上的字体又几经变化，但木匾都再未更换过，只是匾额上的满文被除掉，只剩下了汉字书写的"天安门"三字。

历史上天安门的显赫地位

天安门一直是明清两代王朝身份和皇权的象征，当时的天安门对于庶民百姓来说就是禁区，哪怕是探头一看，也是"私窥宫门"的重罪。

明清两代时，天安门是皇帝颁布最为重要的诏令——"金凤颁诏"的地方。如皇帝登基、册封皇后等重大国家庆典活动，皇帝都要在天安门举行"金凤颁诏"仪式。据清代史书《日下旧闻考》记载：

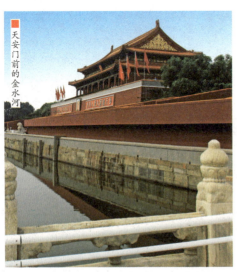

天安门前的金水河

凡国家大庆，覃恩，宣诏书于门楼上，由垛口正中，承以朵云，设金凤衔而下焉。

■ 故宫内部陈设

就是说，皇帝发布的重大命令，就是书面的诏书，要在天安门上进行一套隆重烦琐的仪式，才能向全国各地颁发。这表明天安门在封建统治者心目中具有显赫的政治地位。

在进行颁诏仪式时，工部要预先在天安门正中垛口备有黄案的宣诏台，并准备好"金凤朵云"，就是漆成金黄色的木雕凤凰和雕成云朵状的木盘。

奉诏官和宣诏员，就是捧接诏书和宣读诏书的官员等人衣冠楚楚，早已恭候在那里。

诏书宣读之前，放在太和殿黄案上，皇帝盖上御玺后，经过一套烦琐的礼仪，由礼部尚书用云盘承接诏书，捧出太和殿，暂放到午门外的龙亭里，然后在鼓乐仪仗的引导下抬到天安门城楼上，再将诏书放在宣诏台的黄案上。

宣诏官登台面西而立，宣读诏书。这时，只见天安门下金水桥南，文武百官和吉老按官位序列依次面北而行三跪九拜大礼。

宣诏官读完诏书，由奉诏官把诏书卷起，衔放在

《日下旧闻考》
一本有关北京的史志书，全书名《钦定日下旧闻考》，160卷，清朝大臣英廉等奉敕编撰。本书参阅古籍近2000种，收集保存了大量自清顺治至乾隆四朝时期中央机关及顺天府、宫室、苑囿、寺庙、园林、山水和古迹诸方面的建置、沿革及现状的原始资料，具有很高的历史和学术价值。

太和殿龙椅

进士 我国古代的科举制度，通过最后一级考试者，称为进士，是古代科举殿试及第者之称。隋炀帝大业年间始置进士科目。唐亦设此科，凡应试者谓之举进士，中试者皆称进士。元、明、清时，贡士经殿试后，及第者皆赐出身，称"进士"。且分为三甲：一甲三人，赐进士及第；二、三甲，分别赐进士出身、同进士出身。

木雕的金凤嘴里，再用彩绳悬吊"金凤"从天安门垛口正中徐徐放下。城楼下早有礼部官员双手捧着"朵云'等在那里，这样，"金凤"嘴中的诏书也就落在"云盘"中了，此举称为"云盘接诏"。

礼部官员接诏后，诏书仍要放回天安门前的龙亭内，然后由黄盖（黄色伞盖）、仪仗和鼓乐为前导，浩浩荡荡抬出大清门，送往礼部衙门。

这时，礼部尚书早已从长安左门快步回到礼部衙署门前跪迎诏书，之后还将诏书恭放在大堂内，行三跪九叩礼。随后，用黄纸誊写若干份，分送各地，颁告天下。

天安门还是"金殿传胪"的地方。明清时代，盛行科举制度。科举有"乡试、会试、殿试"三种。殿试又称御试、廷试，是由皇帝亲自主持在太和殿前进行的属国家最高一级的国家考试，是封建统治者选拔人才和笼络知识分子，维护其统治的一种手段。

明初殿试，曾在承天门南金水桥畔设案考试，后移至太和殿；清朝在保和殿。这种考试每三年进行一次，时间一般在春季农历三月。

明清时期的科举考试十分严格，进京应考的举人首先要集中在大清门内东侧千步廊朝房，经礼部会试，考中后为贡士，又称为"中式进士"。只有取得贡士资格才能进宫参加殿试。

殿试由皇帝亲自出题，考卷的成绩，由阅卷大臣打分，获得前10名的考卷，皇帝还要亲自过目，考中的被赐予进士。列第一甲第一名者称为"状元"，列第一甲第二名叫"榜眼"，列第一甲第三名的是"探花"。

殿试两天后，皇帝召见了新考中的进士。考取的进士身着公服，头戴三枝九叶冠，恭立在天安门前听候传呼，然后与王公百官一起进太和殿分列左右，肃立恭听宣读考取进士的姓名、名次。这就是"金殿传胪"。"胪'有陈列的意思，'传胪"就是依次唱名传呼，进殿晋见皇帝。

考中的进士被皇帝召见后，礼部官员捧着"钦定"的写有进士姓名、名次的"黄榜"，先放到午门前的龙亭里，再由鼓乐仪仗前导，

皇宫军机处

庄重肃穆的天安门

状元 指我国古代科举考试中，殿试考取第一名的人。殿试由皇帝或中央政府指定的负责人主持，用同一套试题，在同一地点开考，然后经统一阅卷、排名，并经最高当局认可的进士科考试的第一名。第二名为榜眼；第三名为探花。此制度始建于隋唐时期。

抬出天安门，出长安左门，张挂在临时搭起的龙棚里，就是后来的南池子南口西红墙处，由名列榜前的新科状元率诸进士看榜。

三天后，"黄榜"收回内阁封存。而后，顺天府尹，就是北京的地方官给新中状元、榜眼和探花者插金花，披上大红彩绸，用仪仗接到城北顺天府衙门里饮宴，以谢皇恩。完毕，状元授翰林院修撰，榜眼、探花授翰林院编修。

醉心于仕途的士子们，一旦"黄榜"题名，便身价百倍，因此当时人们把中进士比作"鲤鱼跳龙门"，把天安门前的长安左门称作"龙门"。

明清时期，除了在天安门举行"金凤颁诏""金殿传胪"等活动外，还有皇帝每年要到天坛、地坛祭天祭地；皇帝御驾亲征和大将出征在天安门前祭路祭旗；出征凯旋"献俘""受俘"；遇有皇帝登基、大婚等重大庆典，也都要启用天安门，以显帝国威风。

天安门地位至尊，即使皇帝出入也是有限的，嫔妃夫役更是绝对禁止出入天安门的。但也有例外，就是皇帝大婚时，新婚皇后可以由天安门抬进后宫。

皇帝大婚可不是小事，也有一套烦琐的程序。要先派使者到女家行聘礼，再迎新皇后，由大清门入天安门进后宫。这是封建等级制度的体现。这种帝王独尊的现象，甚至连皇帝的父母从天安门通过都会引起争议。

明嘉靖年间，明世宗朱厚熜母亲要去太庙祭祖先，在从何门进入的问题上，礼部的官员们引起了一场争论。最初决定由东安门进入，但当时的礼部尚书张璁直言劝说众臣：

即使是贵为天子，也是有母亲的，怎么能让皇帝的母亲从旁门过去呢？

最后，礼部官员们议定，改由大清门入天安门去太庙。天安门是进喜不进丧的地方，就连皇帝以及皇帝父母的灵柩都不能从天安门出入。

明代时，"廷仗"和"献俘"的地方，均在天安门的后边，午门的前面。但清朝一般不再用"廷杖"

■ 故宫太庙

天坛　在故宫东南方，占地273公顷，比故宫大四倍，是明清两朝帝王冬至日时祭皇天上帝和正月上辛日行祈谷礼的地方。天坛建筑布局呈"回"字形结构，由两道坛墙分成内坛、外坛两大部分。最南的围墙呈方形，象征地，最北的围墙呈半圆形，象征天，北高南低，这既表示天高地低，又表示"天圆地方"。

的刑罚。

"廷杖"是对朝中的官吏实行的一种惩罚。那时，皇帝倡导文武百官以至平民百姓上书"进谏"。但是，如果冒犯了皇帝的尊严，龙颜大怒，就要在午门前罚跪、打棍子，这叫作"廷杖"。

"献俘"始于清朝。凯旋的军队将士为显示战果，要在午门前举行"献俘礼"。仪式前一天，兵部官员牵引着战俘，自长安右门入内，押至太庙、社稷坛祭祀。此举被称为"献俘"。

据《午门献俘图》记载：次日，皇帝登午门楼受俘。门楼正中设御座，檐下张黄盖。各种仪仗、法驾、卤簿陈设在阙门左右，御辇、仗马、护朝宝象、大乐排列停当。

当日清晨，众王公大臣，身穿朝服云集午门前，俘虏们此刻也被押至此地。身穿衮龙服的皇帝在鼓乐声起、三呼万岁声中，至午门城楼御位上降旨，对俘虏进行发落，若恩赦不诛，则宣旨释俘，众战俘叩头谢恩。此景称为"受俘"。

乾隆皇帝还曾于1755年御制《午门受俘》诗一首，十分形象地描述了当时受俘礼时乾隆皇帝的惬意心情和期望皇朝永固的思想。

阅读链接

据说，1844年，道光皇帝亲御太和殿召见新科状元等人，不料这天传胪唱名时，获得这一年第一甲第一名的武进士徐开业与第一甲第三名的武进士梅万清没按时到班，他们说因天安门阙门未开误了点卯。

但事有凑巧，与他们同住一区的第一甲第二名泰钟英等人却均由天安门阙门入宫。所以，徐、梅二人理由欠妥。按大清律典，延误到班要被斥革。

后来，因皇上发恻隐之心，念二人系草茅新进之人，保全了二人的武进士头衔，允许再参加下一届的会试。这一年的新科状元就由秦钟英替补。

雄伟壮丽的古代城楼

正阳门城楼

　　"正阳门"俗名"前门",原名"丽正门",坐落在北京天安门广场的南端,处于老北京城的南北中轴线上。

　　正阳门始建于元代,因形式比较独特,一直被看成是老北京的象征。

　　在京师诸门中,正阳门规制最为隆崇,它集城楼、箭楼、瓮城和闸楼为一体,是一座完整的古代防御性建筑体系。其城楼和箭楼规模宏丽,形制高大,瓮城气势雄浑,为古代北京城垣建筑的代表之作。

元朝时期始建丽正门

　　13世纪中期，蒙古族建立的元朝统一了全国。1267年，元世祖孛儿只斤·忽必烈为了"南临中土，控御四方"，迁都燕京，即后来的北京，并大兴土木建设元大都。

　　历时九年，元大都的城垣及宫室建设终于完成，全城共建了11座城门。据元代史事札记《辍耕录》记载：

正阳门前身丽正门碑刻

城之正南曰丽正，左曰文明，右曰顺承，正东曰崇仁，东之南曰齐化，东之北曰光熙，正西曰和义，西之南曰平则，西之北曰肃清，北之西曰健德，北之东曰安贞。

■ 老北京正阳门景象

元朝大都城的南垣，位于后来的东西长安街一线上。作为元大都的南城垣正门，当时的丽正门就坐落在后来天安门略前的位置。

在当时，从城南丽正门起，穿过皇城的灵星门、宫城的崇天门和厚载门，经万宁桥到中心阁这条南北走向的直线，就是元代大都城的中轴线。而宫城的主体建筑，都是按照这条中轴线对称展开的。

实际上，作为后来正阳门的前身丽正门，在始建之际，便确定了"宅中定位""仰拱宸居""昭示万邦"的地位。

而"丽正"之名，则取自《周易·离卦》中

元世祖（1215年—1294年），即孛儿只斤·忽必烈，蒙古族，他在青年时便"思大有为于天下"，他是元朝的创建者和蒙古民族光辉历史的缔造者，也是蒙古族卓越的政治家和军事家。他在位35年间，知人善任，信用儒术，兴兵灭宋，统一全国，其领土包括亚洲及欧洲东部，疆域之广，前古未有。

城楼古景

雄伟壮丽的古代城楼

正阳门城楼

"离，丽也。日月丽乎天，百谷草木丽乎土，重明以丽乎正，乃化天下"之意。

丽正门当千步街，九重深处五云开。
鸡人三唱万官集，应制须迎学士来。

《周易》也称为《易经》或《易》，是我国传统思想文化中自然哲学与伦理实践的根源，也是我国最古老的关于占卜术的原著，对我国文化产生了巨大的影响。据说是由伏羲氏与周文王根据《河图》《洛书》演绎并加以总结概括而来，是华夏智慧与文明的结晶，被誉为"群经之首，大道之源"。

　　这是元代文人欧阳原功写的与元代的丽正门方位有关的诗。而当时的另一位史地学者熊梦祥，在其史地专著《析津志》一书中，不仅明确地记述了丽正门的方位，而且还叙述了相关的礼仪制度，即丽正门辟三门，中门唯车驾巡幸郊祀方得开启之制：

崇天门。正南出周桥，灵星三门外分三道。中千步廊街，出丽正门，门有三，正中惟车驾行幸郊坛则开；西一门，亦不开，止东一门，以通车马往来。

元大都的城门是1267年至1276年期间一体修建的。丽正门的建筑技术受到唐宋两代，特别是宋代的影响较大。

丽正门的地基非常坚固，城门的支撑和过梁都为木结构，门洞口为梯形，门楼檐脊均饰盖以精美的琉璃瓦。

丽正门宅中定位、经纬四通和直达南城的环境优势，在元代初期，便形成了大都城一处繁华的商贸区。《析津志》一书曾记元世祖封赐丽正门第三桥南一树为"独树将军"，并叙述了该处商贾及其游人的盛况：

世皇建都之时，问于刘太保秉中定大内方向。秉中以今丽正门外第三桥南一树为向以对，上制可。遂封为独树将军，赐以金牌。

每元会圣节及元宵三夕，于树身悬挂诸色花灯于上，高低照耀，远望若火龙下降。树旁

《析津志》 元代文人熊梦祥撰。元大都旧称为析津。本书为最早记述今北京地区的一部专门志书，是研究这一地区地理、历史的宝贵资料。书中对元大都的城池、坊巷、官署、庙宇、人物、风俗和学校等都有较详细的记载。

■ 古香古色的正阳门城楼

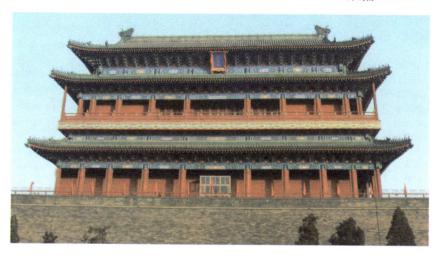

城楼古景

雄伟壮丽的古代城楼

■ 正阳门箭楼前的石狮

诸市人数，发卖诸般米甜食、饼糕、枣面糕之属，酒肉茶汤无不精备，游人至此忘返。

元代的大都当初没有建瓮城和箭楼，所以丽正门当时只是城楼一座，这种情形一直持续到1359年。当时，元代政权风雨飘摇。为守住大都，当年10月，元顺帝孛儿只斤·妥懽帖睦尔"诏京师十一门皆筑瓮城，造吊桥"。

于是，元帝国在各路农民军大兵压境的情况下，在不适于建筑施工的冬月低温的环境中，仓促完成了包括丽正门在内的11座城门的楼铺之制。

1368年，明代攻陷元大都后，明太祖朱元璋诏改元大都为北平府。为抵御北逃的元蒙贵族卷土重来，由明代开国大将华云龙新筑城垣，防卫元大都。

这次修筑北平城，主要为加强军事防御，除将旧城北垣南缩五里以及废东垣、西垣北侧之门外，一切

元顺帝（1320年—1370年），即孛儿只斤·妥懽帖睦尔。蒙古帝国可汗，汗号"乌哈噶图可汗"。元朝第十一位皇帝，也是元朝的最后一位皇帝。明太祖朱元璋率军攻打大都时，因其没有进行大规模的抵抗，而是先后逃往上都和应昌，明代史官认为他顺应天意，故史称他为"元顺帝"。

均沿袭元朝大都的旧制，没有什么变化。

据成书于1376年的明代史志《洪武北平图经志书》，对明初北平府的城墙和城门的记述：

> 旧土城一座，周围六十里，克复后以城围太广，乃减其东西迤北之半，创包办砖甃，周围四十里。其东南西三面各高三丈有余，上阔二丈；北面高四丈有奇，阔五丈。
>
> 濠池各深阔不等，深至一丈有奇。城为门九：南三门，正南曰丽正，左曰文明，右曰顺承；北二门，左曰安定，右曰德胜；东二门，东南曰齐化，东北曰崇仁；西二门，西南曰平则，西北曰和义。各门仍建月城外门十座。

明太祖（1328年—1398年），即朱重八，后改名朱元璋，明朝的开国皇帝，是继汉高祖刘邦以来第二位平民出身的封建帝王，他曾因身体差及家中贫寒入寺为僧。他在位期间励精图治，发展经济，提倡文教，使得天下大治，所以后世史学家称之为"洪武之治"，他被尊称为"明太祖"。

■ 正阳门瓮城

明成祖（1360年—1424年），即朱棣，明朝第三位皇帝，他曾经受封燕王，后发动靖难之役在1402年夺位登基，改元永乐。他在位期间，经济繁荣、国力强盛，史称"永乐盛世"。他五次亲征蒙古，诏令编修《永乐大典》，疏浚大运河，多次派郑和下西洋，巩固维护了我国版图的统一与完整。

城楼古景

雄伟壮丽的古代城楼

由此可知，在明代开国大将华云龙缩筑旧城之后，北平城曾在土城垣的基础上，加瓮过砖石，并对月城，就是瓮城、外门、箭楼等建筑有过修缮和添建。各城楼均在瓮城外门上筑箭楼，周围都使用了砖石包砌。但其中的丽正门瓮城比诸门多建了一门。

1402年，丽正门在元大都旧址移建新址，就是后来的正阳门所在地后仍称名"丽正门"，此名先后历经了明代永乐、洪熙和宣德三朝计16年。

1403年正月，明成祖朱棣诏改北平为北京，暂称"行在"，并从1406年开始营建北京的宫殿和城垣。当时的北京南城垣，仍然沿袭元大都旧制，位于后来的长安街稍南一线上。

为把五府六部都摆在皇城前面，明成祖朱棣在营修皇城时便将南城垣南移了近千米，即在后来的

■ 雄伟高耸的正阳门城楼

正阳、宣武和崇文三门的平行线上。这次移建和增筑，于1421年正月告成。其中，原来大都城与北平府的丽正、顺承和文明三门随南垣南移，并仍沿称旧名。

明朝在定都北京后，对北京城垣的修缮和移建工程，前后又进行了10余年，东南西三面总计新筑城墙约9千米，又在全城外侧加瓮砖石，并改西垣的"和义门"为"西直门"，东垣之"崇仁门"为"东直门"。

当时，在京城周围约20千米的距离，共建有九门：南边的城门名叫"丽正""文明"和"顺承"，东边的城门名叫"齐化"和"东直"，西边的城门名叫"平则"和"西直"，北边的城门名叫"安定"和"德胜"。

在永乐年间修建的北京诸门，除移位新建的丽正、顺承、文明三门外，其余六门都沿袭了元大都城旧制，设有城楼、箭楼与瓮城。

1436年，继位不到一年的明英宗朱祁镇利用前朝父、祖历代所积资财，又对北京城垣进行了大规模的修建，他"命太监阮安、都督同知沈青、少保工部尚书吴中，率数万人修筑京师九门城楼。"工程进行了三年多，直至1439年方告完成：

> 京师门楼，城壕，桥闸完。正阳门正楼一，月城中左右楼各一；崇文、宣武、朝阳、阜成、东直、西直、安定、德胜八门各一，月城楼一。各门外立牌接。
>
> 城四隅立角楼。又深其濠，两涯悉甃以砖石。九门旧有木桥，今悉撤之，易以石。两桥之间各有水闸。濠水自城西北隅，环城自东，历九桥九闸，从城东南隅流出太通桥而去。

在这次北京城垣和城门的大规模修建中，明朝不仅完善了各门的"楼铺之制"，而且还将"丽正门""文明门""顺承门""齐化门"和"平则门"五座城门分别更名为"正阳门""崇文门""宣武门""朝阳门"和"阜成门"，其余四门则仍然使用原来的名字。

阅读链接

传说，在修建正阳门的箭楼时，明成祖朱棣曾经前去视察，发现正阳门箭楼的楼顶并没有他所期望的那样高大壮观后龙颜大怒，他限工匠们在一个月内将楼顶改建得高大气派，否则予以治罪。期限就要临近了，殚思竭虑却无计可施的工匠们惶恐无比。

有一天，有一个衣衫褴褛的老木匠前去乞求工匠们为他的咸菜加点盐。此后数日，老木匠不断地去乞求工匠们给他的咸菜添"盐"。

工匠们因此受到启发，为正阳门箭楼的楼顶添加了一周飞檐，使得箭楼的楼顶变得高大华贵，整个正阳门箭楼也显得巍峨壮丽。一月后，明成祖再去时，惊为神来之笔，不禁"龙颜大悦"。

明朝时正阳门日臻完善

　　在明朝正统年间，重建完成后的京师九门中，以"正阳门"的形制最为隆崇，不仅箭楼设门，在瓮城左右也都设了门，并在还在其左右门上加盖了闸楼，而其他诸门瓮城内则只设一门。

　　至此，正阳门作为京都正门，可谓名实相符了。在它的名字中，"正"代表了它是京城的正门，而"阳"则是天之大数代表了皇帝，

正阳门外景

城楼古景

雄伟壮丽的古代城楼

■ 正阳门

牌楼 又叫牌坊，是我国封建社会为表彰功勋、科第、德政以及忠孝节义所立的柱门形构筑物，一般较高大，主要有木、石、木石、砖木和琉璃几种，多设于要道口。也有宫观寺庙以牌坊作为山门，还有用来标明地名的。牌坊也是祠堂的附属建筑物，昭示家族先人的高尚美德和丰功伟绩，兼有祭祖的功能。

因为"日为众阳之宗"，古代以为人君之象，因系"国门"，又在北京城的中轴线上，正对宫城，故命名"正阳门"。

1553年，为抵御蒙古俺答汗部不时对京师的袭掠，保护正阳、崇文和宣武三关厢之民，明世宗朱厚熜又诏令修筑了外城。

明朝时期的北京诸城经过洪武、永乐、正统和嘉靖四代近200年的改建增筑，规整壮观，形制完备，最终形成了"里九外七皇城四"：即内城九门，外城七门，皇城四门，共20门的格局。

而正阳门以宅中定位的优势，与崇楼巍峨，雄视八表、籍壮观瞻的国门地位，一直领秀京师诸门。在当时，正阳门不仅修筑了瓮城、箭楼、东西闸楼，并疏浚城壕、建造石桥和牌楼，形成了"四门、三桥和五牌楼"的格局。

正阳门在砖砌城台上建有两层城楼，占地3000多平方米，城台上窄下宽，有明显收分，宽95米，厚约31米，高约14米，城台南北上沿各有1.2米高的宇墙。城台正中辟有券拱门，五伏五券，内券高9米，宽7米，外券高6米，宽6米，门内设千斤闸。

正阳门城楼为灰筒瓦绿琉璃剪边，重檐歇山式三滴水结构。楼脊饰龙头兽吻，每面有檐柱、老檐柱和金柱三层柱子，朱红梁柱，金花彩绘。城楼的楼上、楼下四面均设有门。

在城楼两端，沿城墙内侧设有斜坡马道以通上下，通面宽七间41米，进深三间21米。城楼外侧重檐以上悬挂木质大门匾。

城楼的楼身宽36米多，深16米多，高27米多。上下均有回廊。上层前后装菱花格隔扇门窗，下层为朱红砖墙，明间及两侧正面各有实榻大门一座。整座城楼的整体高度为42米，为古代北京所有城门中最高大的一座，也是古代北京全城最高大的一座建筑。

正阳门箭楼位于正阳门城楼的正南方，是最能

歇山式 是我国常见古建筑屋顶的构造方式之一，多用在建筑性质较为重要、体量较大的建筑上。它由前后两个大坡檐，两侧两个小坡檐及两个垂直的等腰三角形墙面组成。歇山建筑屋面峻拔陡峭，四角轻盈翘起，玲珑精巧，气势非凡，它既有庑殿建筑雄浑的气势，又有攒尖建筑的风格。

明世宗（1507年—1566年），即朱厚熜，是明代实际执政时间最久的皇帝，在位45年。他早期整顿朝纲、减轻赋役，对外抗击倭寇，朝政为之一新，史称"中兴时期"。

庄重巍峨的正阳门城楼

脊兽 我国古代建筑屋顶的屋脊上所安放的兽饰。它们按类别分为跑兽、垂兽、仙人及鸱吻，合称"脊兽"。其中正脊上安放吻兽或望兽，垂脊上安放垂兽，戗脊上安放戗兽，另在屋脊边缘处安放仙人走兽。但古时，在士族富人家后院的小姐绣楼屋脊上，一般不安放脊兽。

■ 正阳门侧面

体现我国古代军事防御思想和技术水平的代表性建筑，为一砖砌堡垒式建筑，雄踞于砖砌城台之上，占地2147平方米。城台高约12米，上窄下宽，也有明显收分。

门洞为五伏五券拱券式，内设"千斤闸"，南侧宽10米，北侧宽12米多。开在城台正中的中门，与城门相对，是内城九门中唯一箭楼开门洞的城门，专供龙车凤辇通行。

当皇帝去天坛"祭天"，或去先农坛"亲耕"时，"御驾"都由此出入。平常时，正阳门箭楼及其东闸楼下的城门关闭，百姓要经瓮城东西两个门洞才能自由出入。

箭楼上下四层，楼顶为灰筒绿琉璃剪边、重檐歇山式，饰绿琉璃脊兽。南、东、西三面辟箭窗，以作对外防御射击之用，南面四层，每层13孔，东、西各四层，每层4孔，连抱厦2孔，共辟86孔。

■ 正阳门近景

　　箭楼的结构为前楼后厦，面阔七间，宽62米，进深20米；北出抱厦庑座，面阔五间，宽42米，进深12米，门两重，前为古老的吊落式闸门"千斤闸"，后为对开铁叶大门。

　　整座箭楼通高35米多，在明代及后来的清代北京城垣的箭楼中，唯正阳门箭楼辟门，亦最为高大雄伟。由于它的形式比较独特，一直被看成是老北京的象征。

　　在箭楼与城门楼之间有一座巨大的瓮城。瓮城是为了加强对城门的保护而设立的，用以消除城防的死角，加大敌人的攻打难度。

　　历史上，北京内城曾多次遭到进攻，如后金军队和蒙古族俺答汗和部落的围攻，以及后来清代时八国联军的进攻，因正阳门的城池坚厚，除八国联军之役外，在其他围城战中均未曾被强行攻破过。

后金 也叫后金汗国，是出身建州女真的爱新觉罗·努尔哈赤在满洲建立的王朝，为清朝的前身。1616年，爱新觉罗·努尔哈赤在赫图阿拉城，就是后来的辽宁新宾称汗，国号"金"或"大金"。为了与12世纪时的"金"相区别，史称其为"后金"。

女儿墙 在古时候也叫"女墙"，包涵着窥视之义，是仿照女子"睥睨"之形态，在城墙上筑起的墙垛。特指房屋外墙高出屋面的矮墙。主要作用除维护安全外，也会在低处施作防水压砖收头，以避免防水层渗水、或是屋顶雨水漫流。

■ 正阳门箭楼侧面

瓮城为长方形，南北长108米，东西宽88米，东北和西北两内角为直角，东南和西南两外角为抹角，瓮城将城垣、城门楼、箭楼和两座闸楼连接起来。瓮城城垣与城墙高度相同，高约11米，略窄些，内为土墙心，外甃大城砖。上顶甬道海墁城砖，外侧筑雉堞，内侧筑女儿墙，内有空场。

瓮城东西两侧建有闸楼，闸楼面阔三间，灰筒瓦绿琉璃瓦剪边，歇山小式屋顶，外侧辟箭窗两排共12孔。闸楼下开券门，以通行人，门内也有千斤闸。南端呈弧形抹角，箭楼坐落在顶端，瓮城的四个方向各开有拱券式门洞一座，东、西、南为吊落式闸门。

北门在宏伟的城楼之下，南门在高大的箭楼之下，东西两门则在瓮城东西正中的闸楼之下。平时箭楼及东闸楼下的城门关闭，百姓出入时要绕行到西闸楼下券门。

在明代时，北京内城九门外均有一座跨越护城河的石桥，但唯独正阳门外并列有三座桥，称"正阳

■ 正阳门箭楼一角

桥"。正阳桥外是油漆彩画、木结构的五牌楼。正阳桥东侧燕尾石堤上有镇水石兽。石兽位于石基上，头探向河中，身披鳞甲，四肢粗壮，雕工精细，造型生动，栩栩如生。

我国古代的城门，设施繁杂，作为城市防御设施除前文所述的城楼、箭楼、瓮城、护城河、石桥外，还包括雉堞、登城马道和铺舍等，正阳门也不例外。

雉堞和女儿墙是沿城垣上顶内外修筑的矮垣墙。雉堞位于城垣顶外侧，筑为齿状，起盾牌作用，以保护守城者免遭敌人攻击；女儿墙亦称女墙，为城垣顶内侧修筑的矮垣墙，作用是拦挡守城者，免于摔下。

古代北京的内城雉堞高为1.9米，宽为1.5米，厚为0.75米，其间距在0.5米至0.8米之间；外墙雉堞高1.3米，宽约1.2米，厚为0.5米左右，其间距在0.5米左右，内外城共有雉堞20700多个。雉堞都是用白灰浆、大城砖砌成。平顶，四侧四棱见角，非常牢固。

女儿墙高约1.2米，厚约0.75米，以白灰浆、大城砖沿城垣形制砌成，上顶一般砌成馒头顶或是泥鳅背

护城河 也称作"濠"，我国古时的人们为了防止敌人或动物入侵，由人工挖凿的一条环绕整座城、皇宫和寺院等主要建筑的河，它具有防御作用，护城河内沿岸筑有"壕墙"一道，外有壕堑，内为夹道，大大提高了护城河的防御作战能力。我国的护城河，以湖北襄阳护城河宽度为最。

正阳门箭楼全景

顶。正阳门与内城其他八门一样，城台外侧建雉堞，内侧建女墙，规制亦与城垣相同。

马道是供守城部队上下城用的专用斜道，它附贴在城墙内侧的墙体上，坡度约15度至30度之间，马道宽约四五米，斜道外侧砌筑一道矮墙，每对马道呈内八字形或外八字形，从左右两条马道都可以到达城顶。

正阳门设有马道两条，均在瓮城内紧贴城垣内壁而筑，分别通向城楼与箭楼。铺舍是建在城垣顶上，为硬山式，面阔三间，进深一间，为驻军的值班房，供守城兵士休息或堆放守城武器等物之用，明代称"铺舍房"，清代称为"堆拨房"。

阅读链接

传说，古代北京城曾经在明清时代流行一种"走桥"与"摸钉"的民俗。

每逢农历正月十五之夜，当时的许多年轻妇女都要去正阳门"走桥"。所谓"走桥"，其实就是说妇女在当日夜晚结伴行游街市，凡在正阳门有桥处相扶而过，就能"消百病"，又叫"走百病"，能够长寿。

所谓"摸钉"，就是说，年轻妇女们在"走百病"经过正阳门时，必须用手摸门上的铜钉这样可以生个男孩。

关于"走桥"与"摸钉"之说，虽是迷信，但也无不寄托了当时北京民众对美好生活的向往。

正阳门瓮城内的两座小庙

　　1610年，正阳门箭楼不慎失火，大火从傍晚一直烧到次日辰时。箭楼被毁后，朝廷随即开始重建。明朝北京内城的各个城门都是由太监监管，修缮箭楼的事情当然也由太监主持了。

　　当时，太监们为了从这项工程中多捞点银子，就提出把修缮的预算资金定为13万两白银。而当时负责营造工程的衙门工程官员营缮司

正阳门瓮城

城楼古景

雄伟壮丽的古代城楼

■ 正阳门箭楼侧景

关帝（约160年—220年），即三国时期蜀汉名将关羽，又名关云长，深受蜀王刘备信任。关羽之勇、威震华夏。关羽兵败被害后，其忠义形象逐渐被神化，他历来被民间祭祀，尊为"关公"；清代时，他被奉为"忠义神武灵佑仁勇威显关圣大帝"，简称"关帝"，后崇为"武圣"，与"文圣"孔子齐名。

郎中陈嘉言，却为人正直，不贪钱财，认为所作的预算过大，坚持削减开支，最后只用了30000多两银子便将箭楼修复了。

据史料记载，正阳门内瓮城西侧的关帝庙就建于这一期间。明代文人沈榜的《宛署杂记》记载：当时，北京仅著名的关帝庙就有51处之多，而北京内城各城门的瓮城内都有关帝庙，寓意其负有保护国都的责任。

其中，最著名的关帝庙当属正阳门的关帝庙。关帝庙前面有雕刻精细的汉白玉石马。有史记载："殿祀精严，朱楹黄覆，绮槛金龛，中奉圣祖御书，额为'忠义'两字。西庑下有明董文敏焦太史所撰碑记，传为二绝。"

庙中立有一通石碑，碑文由明代著名学者焦竑著文，明代著名书画家董其昌书写：

蒸哉文皇，幽燕启土。侯呵护之，如栋斯础。

碑文所指的是当年明成祖朱棣皇帝亲率大军征讨蒙古作战时朦胧沙雾中，有一神为前驱，"其中袍刀杖，貌色髯影，果然关公也，独所跨白马"。

而且北京城市面也有传闻：每天早晨果见有一匹白马立于正阳门关帝庙前不食不动，气喘吁吁汗流不止，直至明成祖朱棣胜利回师北京之后才消失。

因此有臣上奏明成祖，此马乃关公助战时所乘的白马。明成祖朱棣闻听大喜，就降旨在正阳门关帝庙前修筑石马隆重祭祀。

在明朝时，自明成祖将祭祀关圣载入皇家《祀典》后，朝廷每年都有祭祀活动，皇帝除在去天坛、先农坛路过正阳门必驻足关帝庙上香祭祀外，每年农历五月十三，民间传说的关老爷磨刀日，朝廷也必派大员前去祭祀这位蜀汉前将军。

凡国家遭遇巨大灾难时，朝廷也要到关帝庙举行祭祀仪式。这座关帝庙因地处国门，位置格外显赫，就连当时的外国使节去紫禁城朝谒出来，也都要到关帝庙祭祀一番。

正阳门

司礼监 明朝内廷管理宦官与宫内事务的"十二监"之一,有提督、掌印、秉笔和随堂等太监组成。提督太监掌管理皇城内一切礼仪。后因明宣宗朱瞻基设置了太监学堂,鼓励太监识字,凡皇帝口述命令,便均由秉笔太监用朱笔记录,再交内阁撰拟诏谕并由六部校对颁发,后来司礼监的实权居内阁首辅之上。

1615年,明朝因灾举行过一次隆重的祭祀活动。祭祀当日,皇帝派司礼监太监李恩齐手捧帝王服饰九旒冠、玉带、龙袍和赐封"关圣三界伏魔大帝、神威远震天尊关圣帝君"的金牌,在正阳门关帝庙建醮三日,颁告天下。致使正阳门关帝庙的名声大振。

有史记载,关帝庙当时最大的特色是其关帝神像,他与其他关帝庙中的红脸关帝像不同,他是"金"面的。

传说,当年明世宗朱厚熜曾在朝廷内庭供奉了一尊金面关帝,后嫌神像太小,便命人重制了一尊供奉;当时,明世宗本来打算要弃掉那尊小神像,但因顾虑其已经受了百年香火,怕丢掉后会有不吉,于是他就将该神像赐给了正阳门的关帝庙。

当老百姓得知关帝庙中神像是皇帝御赐后,更加崇拜至诚。每个朔望,香火极盛,求福求寿者,求子嗣者,求功名者,络绎不绝。

■ 正阳门箭楼夜景

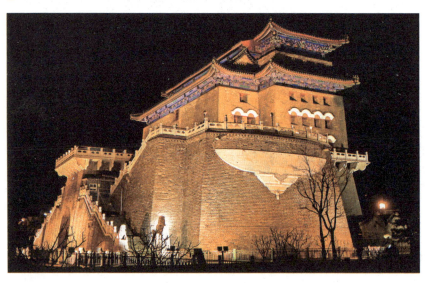

后来，明朝在正阳门城楼瓮城之内的东侧，又增建了一座黄瓦覆顶的名叫"观音大士庙"的小庙。从此，正阳门内就有了左右相称的两座小庙。而这两座小庙黄顶白碑，树木参差，灰墙环绕，就像两个卫兵，护卫着高大巍峨的正阳门城楼。

据史料记载，观音大士庙是崇祯皇帝敕建。它占地一亩余，佛殿及住房13间。庙内有佛像19尊，有碑四通，石刻两件。

直至清朝定都北京后，清代又才对明末被毁或受损的宫殿、城门和祠庙等建筑，全力进行了重建与恢复。有史料记载，修缮后的："关帝庙占地一亩余，神像十四尊，画像一帧，神马一匹，青龙刀三柄，有碑十一座，刻十块。"其中，"大刀""关帝画像"和"白玉石马"被称为关帝庙"三宝"。

据说，清代皇帝从天坛祭天回宫时必在庙内拈香，其名望可见一斑。关帝庙不但皇家供奉，百姓烧香，就连京城五金行的买卖人也趋之若鹜。

相传，关帝庙内供奉的三口大刀，均系清嘉庆年间陕西绥德城守

光绪皇帝（1871年—1908年），即爱新觉罗·载湉，清朝第十一位皇帝。他4岁登基，由慈禧和慈安两宫太后垂帘听政至18岁。但此后，慈禧太后仍掌控着实际大权。1898年，光绪皇帝启用革新派人士康有为和梁启超等进行维新变法，但最终因慈禧太后为首的保守派的反对而失败。

■ 正阳门城楼箭楼侧面远景图

营都司，在前门外打磨厂三元刀铺定制的真刀，最大的一口刀长两丈，重200千克，其余两口刀，一口重60千克，一口重40千克。

每年农历5月13，也称"关云长单刀赴会日"，关帝庙举行"磨刀典礼"一次。届时，庙内都会将三口大刀抬出，由三元刀铺派工匠将刀磨光，再放回原处。

而此时，到关帝庙参加磨刀观礼的京城百姓们，从四面八方纷纷赶来，关帝庙前人山人海，水泄不通，热闹非凡。除此以外，关帝庙之所以香火旺盛，被世人推崇，是因为"关帝签"十分"灵验"。

传说，有一个侍郎李若农，参加咸丰己未科会试时，曾在考前来正阳门关帝庙求签。他求得的签语是"名在孙山外"。李若农看后很是失望，以为会名落孙山，没想到发榜时，他竟高中进士。

李若农逢人便说，此签实不灵验。等到殿试发榜，状元为孙家鼎，榜眼名孙念祖，李若农得了个探花，实列二孙之后，与签语相合。因此，李若农叹服不已。从此，正阳门关帝庙的"关帝签"有天下第一"灵签"的消息也不胫而走。

当时，民间流传"灵签第一推关帝，更向前门洞里求"，甚至也有皇帝亲临烧香敬奉。每当关帝庙开庙

时，庙里庙外，便坐满了道士，他们手抱签筒，接待求签香客，求财祈福者蜂拥而至。

　　根据清史《清实录》记载，光绪皇帝去关帝庙和观音庙参拜烧香的次数多达64次，远远超越了光绪以前所有皇帝去正阳门庙宇参拜次数的总和。光绪皇帝从1887年起，到他1908年去世为止，他几乎每年数次前往正阳门的庙宇参拜，其时间跨度长达22年。

阅读链接

　　明朝末年，为抗击满清入关，崇祯皇帝朱由检亲设筵席招待兵部尚书兼蓟辽总督洪承畴，授尚方宝剑命洪承畴北征御敌。但后来，洪承畴战败被俘投降了满清。

　　消息传到京城，众大臣唯恐崇祯皇帝伤心就伪奏洪承畴已经阵亡。崇祯皇帝信以为真，悲痛欲绝，诏令在正阳门下东侧为洪承畴建庙一座，庙中为洪承畴塑像设立牌位。

　　明朝规定，忠臣死节，最高设九坛祭奠，而洪承畴被破格祭十六坛。当祭到第九坛的时候，和洪承畴一起随军作战的太监逃回了京城，向崇祯皇帝禀报了实情。

　　崇祯皇帝一听，简直气炸了肺，下令工匠捣毁庙中塑像，砸毁牌位，把小庙改为观音大士庙。

历经劫难的正阳门城楼

　　至清朝入关定都北京，虽然加以"修整壮丽"，但"九门之名，则仍旧焉"。清朝以八旗分居内城，正阳门内东西两侧，分别为正蓝、镶蓝两旗所占。

　　由门内至大清门，就是后来的中华门之间，是著名的棋盘街，在

正阳门箭楼侧面

■ 正阳门瓮城旧景

乾隆皇帝时，正阳门一带已是"周绕以石阑，四围列肆长廊，百货云集一回的商业汇聚之所。"

1780年，正阳门外的一间铺面房不慎失火，恰遇大风，火势迅速蔓延，殃及正阳门箭楼，还同时烧毁了瓮城东西月墙的闸楼、官房等设施。

同年重建时，乾隆皇帝命令新换砖石，但负责修建的大臣们却仍然利用了旧券洞进行修筑，结果，不仅箭楼南面新做的箭窗墙面出现了鼓包现象，修成后的门洞也出现了内裂。直至乾隆皇帝再次诏令，才总算工程完善了。

1849年，正阳门箭楼又一次被火烧。当时，正值第一次鸦片战争后的第十年，朝廷国库空虚，财力紧张。工部营缮司连修缮所需11米多长的大柁，都无力筹办。

后来只好"拆东墙补西墙"，把北京西郊畅春园中九经三事殿中的大梁拆下，挪用至正阳门上，正阳

乾隆皇帝（1711年—1799年），即爱新觉罗·弘历，清朝入关后第四位皇帝，年号"乾隆"，寓意"天道昌隆"。他在位60年，实掌朝政达63年，是我国历史上执政时间最长、年寿最高的皇帝。他在位时，编《四库全书》、平定大小和卓叛乱、巩固多民族国家的发展，文治武功兼修，为一代有为之君。

门箭楼才终于修复。

1900年，发生了火灾，这场火灾不仅烧了大栅栏一条街，延烧至千家以上，还殃及了附近的正阳门箭楼，由此而酿出一场清朝"二百年来未有之奇灾"。箭楼作为外楼及正阳门楼的重要部分，当时人在笔记中往往直接以"城楼被火"称之。

正阳门外楼被焚，在当时人看来，无疑是一场"非常奇灾"，因而凡是记载这一火灾的史料，几乎无不言及这一细节。诗人也多有记载。清代诗人郭泽吟诗道：

药店朝来起火鸦，飞烟横卷箭楼斜。

银房宝市繁华最，焦土凄凉剩几家。

关于此次正阳门箭楼被火灾焚毁的情形，清末学者袁昶曾记载说："延灾及正阳门，城楼塌毁"；清代书法家杨典诰则云"悬门隳下，毁及双扉"，可见大门也被火烧了。此外，据清末学者梁济日记，"正阳门城楼已烬"乃是在"晡时"，就是说正阳门城楼被烧毁大概在下午3时至5时之间。

绿树掩映的正阳门城楼

正阳门当时作为京师内城的正南门，其象征着帝国体统、皇室威严的巍峨城楼无疑也是民众观瞻之所系。而一日之间，其箭楼竟半毁于炽焰浓烟之中，几乎只剩下颓垣焦壁。

■ 浓缩传统建筑精华的正阳门

同年8月14日，正阳门箭楼首先遭到重创。此后，又因失火，烧毁了正阳门城楼。这次正阳门被毁程度极为严重，城楼、箭楼、闸楼、铺舍等均遭到破坏，焚后仅余城楼底座及门洞，周围是一片颓砖断瓦，状极凄凉，令人痛心不已。

1902年，清政府派直隶总督袁世凯和顺天府尹陈璧负责筹划修复。在修复施工中，因所藏的工程档案经兵火焚掠无存，只好参照与正阳门平行的崇文、宣武两门的形制，将高度与宽度适当加大了一些，重建了正阳门的城楼与箭楼。

正阳门这次重建，历时最久，直至1906年才竣工。这次重建后的正阳门箭楼，添建了水泥平座护栏

直隶总督 正式官衔为总督直隶等，负责处理地方提督军务、粮饷、管理河道兼巡抚事，是清朝九位最高级的封疆大臣之一，总管直隶、河南和山东的军民政务。而由于直隶省地处京畿要地，因此直隶总督又被称为疆臣之首。

和箭窗的弧形遮檐，月墙断面增添西洋图案花饰。

此后，正阳门又历经了数次改建，首先拆除了正阳门的瓮城月墙及东西两座闸楼，后又将正阳门内的关帝庙与观音庙也一同拆除。

后来，正阳门城楼和正阳门箭楼又进行了一次较大规模的改建：在城楼东、西两侧城墙各开辟两个洞子门。箭楼南侧增建了悬空眺台、汉白玉抱柱和栏杆，并在一二层箭窗上方，加饰了水泥制成的白色弧形华盖。原箭楼没有匾，改建时，在箭楼门洞上增添了汉文书写的"正阳门"横匾。

箭楼下的城墙部分，东西两侧都加宽，并加建栏杆，增建了东、西"之"字形的登城马道。箭楼北面也拓宽了，形成了用混凝土仿汉白玉栏杆围起的宽阔平台。另外，这次改建，还在抱厦两侧各增加了四个箭窗，这样，就使箭窗的数量从原来的86个变成了94个。

正阳门历经了500多年的世事沧桑，最终成为古都北京唯一一座城楼、箭楼均保存完好的城门，代表了老北京的形象。

阅读链接

北京正阳门匾额上的"门"字是没有钩的，据说是皇家为了避讳。

相传，明朝开国之初定都南京后，明太祖朱元璋命一位叫詹希源的书法家题写门匾。悬挂门匾那天，朱元璋也特意去参加揭匾，仪式非常隆重。可朱元璋揭匾后，一看到那个带了火钩的"门"字，就顿时龙颜大怒了。

朱元璋当即命人把那块匾拆下来砸碎，并传旨要刑部大堂把詹希源以居心不良之罪斩首示众。

从此以后，书法家们称"门"字最后一笔为火钩，谁也不敢再写带火钩的"门"字了。因为皇家认为，"门"字带火钩会钩来火灾，会妨碍帝君出行、招贤纳才，所以是一种忌讳，谁也不许冒犯。

德胜门城楼

　　德胜门位于北京城北垣西侧，是北京内城九座城门之一，原名"健得门"。它是明清时京师通往塞北的重要门户，可能是出兵征战之门，素有"军门"之称，人们寄语于"德胜"两字，取"以德取胜"之意。

　　德胜门始建于元朝，重建于1437年，已有500多年的历史。它是由城楼、箭楼、闸楼、瓮城、真武庙和护城河等建筑组成，为明清两代时的群体军事防御建筑。

明朝初年始建德胜门城楼

    1368年8月，明朝大将军徐达率10万大军攻破了元朝的大都城，就是后来的北京。

    为纪念明军"以德取胜"，徐达在元大都"健德门"的废墟上，重建了一座门洞，更名为"德胜门"，也叫"得胜门"，取"武将疆场奏绩，得胜回朝凯旋"之意，以彰军功之著。后来，德胜门也称

雄伟高耸的德胜门

"修门"，有"品德高尚"之意。

德胜门的古炮

为防备元军反扑，守城明军在大都北城墙南面5里处又建一道土城墙，与原大都城东西城垣相接，作为防止元军反攻的第二道防线。

1371年，明朝废大都北垣，将南面新城垣加固，并于东西两侧各开一城门，东侧门叫"安定门"，西侧门仍叫"德胜门"，两城门遥相对望。与其他三垣城门多有象征意义不同，北垣的"德胜门"和"安定门"都实实在在地担负着京城防御的重任。

明朝时，德胜门不仅是封建皇都北城的西门，更是通往是通往塞北的重要门户，素有"军门"之称。因德胜门在皇城北垣，北方属于玄武，而玄武主刀兵，所以凡有重要战事，北京城用兵必走德胜门，寓意此次军队出征必然得胜。战争结束后，军队由安定门班师。凯旋之师从德胜门入城。

有史料记载，明成祖朱棣五次发兵征剿元军残

玄武 古时指由龟和蛇组合成的一种灵物。玄武的本意就是玄冥，武、冥古音是相通的。玄，是黑的意思；冥，就是阴的意思。起初，玄冥是形容龟卜：龟背是黑色的，龟卜就是请龟到冥间去问祖先，将答案带回来，以卜兆的形式显给世人。因此，最早的玄武就是乌龟。

部，后来的清代康熙皇帝几次出兵平定噶尔丹叛乱和大小和卓之乱以及乾隆皇帝出征平定新疆、青海和四川等土司头人叛乱等战役都是从德胜门出兵，每次出征前，大军都要在德胜门举行盛大的出征仪式。

在明朝永乐年间，明成祖朱棣诏令改建元大都，并迁都北京。就是这次改建，北京皇城内的九门格局被确定下来。

■ 德胜门侧景

尚书 古代官名。战国时称"掌书"，齐、秦均置。秦属少府，秩六百石，为低级官员，在殿中主发布文书。秦及汉初与尚冠、尚衣、尚食、尚浴、尚席，称"六尚"。武帝时，选拔尚书、中书、侍中组成"中朝"或称内朝，成为实际上的中央决策机关，因系近臣，地位渐高。

这九座城门，各有各的用途：皇帝专门喝玉泉山的泉水，给皇帝运水的水车，从西直门出入；给宫廷运煤的煤车出入于阜成门；正阳门出入皇帝祭祀天地的车辇；朝阳门走粮车；东直门通柴车；崇文门进酒车；宣武门出刑车；安定门出战车。出兵打仗得胜还朝时，要进德胜门。

1436年10月，明英宗朱祁镇为加强北京都城防务，诏令太监阮安、都督同知沈清和少保工部尚书吴中，率军数万人加固北京城四面围墙，改土筑为砖石结构，并重建九门，该工程直至1439年4月才竣工。

在当时，北京四面的城墙以安定门和德胜门一线最为坚固，其墙基和顶部比其他三面城墙都厚，内外侧墙体的包砖也厚得多。不久，历史上著名的"北京保卫战"，就发生在德胜门。

在明英宗正统年间，北部蒙古草原上的瓦剌部首领脱欢统一了蒙古诸部。脱欢死后，其子也先做了瓦剌部首领，继续扩充实力，准备南犯明朝。

在1449年7月，瓦剌军分兵四路南下，也先亲率兵士攻打大同，明朝北部边陲烽火绵延。当时，明英宗在王振的鼓动下"御驾亲征"，并由王振监军。

明英宗一行到达大同后，得到了先头部队的战败消息，于是王振下令明军撤退至宣化，并绕路回京。明军还是在土木堡与瓦剌军相遇。

明英宗被瓦剌军俘获，王振死于乱军中。瓦剌军因得到了明英宗这张王牌，就企图用他要挟明朝作为攻城略地的政治工具。

土木堡惨败的消息传到北京，举朝震动，甚至有人主张迁都南逃。但当时，兵部侍郎于谦由于坚决反对南迁，得到了皇太后的支持，他被任命为兵部尚书，负责保卫北京。

针对当时的危急局面，于谦等人首先拥立了朱祁钰即位，他就是明景帝；同时，诛除宦党，平息民愤，初步稳定了明朝政局。

此外，于谦提拔了一些优秀的军事将领，注意日

也先（？—1454年）我国明朝中叶蒙古瓦剌部领袖，在他统治期间瓦剌达到极盛。他向东发展，征服了女真，降伏朝鲜，并以明朝拒绝贸易之名进攻明朝。1449年在土木堡一战中，打败明军，俘房了明英宗并包围北京城，后围攻不成，退行并释回明英宗。后被部下暗杀。

明景帝（1428年—1457年），即明代宗，本名朱祁钰，明朝第七位皇帝，明英宗朱祁镇弟，明英宗被蒙古瓦剌军俘去之后继位，他重用于谦等人组织北京城保卫战，打退了瓦剌的入侵。即位后整顿吏制，使吏治为之一新。

■ 修缮后的德胜门

■ 德胜门旧景

夜操练军队，迅速地提高战斗力，并着力调兵遣将，赶造武器，布置兵力，严把九门，准备与瓦剌军决战于北京城下。北京周围很快就形成了一个依城为营，以战为守，内外夹击的作战格局。

也先以明英宗要挟明朝廷的阴谋未能得逞，便于当年10月率大军进犯北京。10月11日，瓦剌军抵北京城下，列阵西直门外，把英宗放置在德胜门外的空房内。

于谦派兵迎击瓦剌军于彰义门，打败也先部队先锋，夺回被俘者1000多人。同时，于谦又派人率兵夜袭，以疲惫敌军。

13日，瓦剌军乘风雨大作，进攻德胜门。于谦命大将石亨在城外民房内埋伏好军队，然后派遣小股骑兵佯败诱敌。也先率主力先锋进入埋伏圈后，明军前后夹击，瓦剌军受到重大打击。

也先的弟弟孛罗、号称"铁颈元帅"的平章卯那孩等将也在这次战役中中炮身死。在德胜门外与敌人激战七天七夜，于谦大获全胜。

当也先发觉明军主力在德胜门后，随后又转战至西直门进攻明军，但也被明军击退。瓦剌军不甘失败，又在彰义门组织进攻，明军佯装失利，瓦剌军追

于谦（1398年—1457），他自幼聪颖过人，青年时就写下了著名诗篇《石灰吟》，他为官清正廉明，兴利除弊，刚正不阿。在土木堡之变后，擢兵部尚书。力排南迁之议，击退瓦剌兵，迫也先遣使议和，使明英宗得归，官至少保。他著有《于忠肃集》。

到土城，被潜伏在民居内的明军火枪手阻击，死伤无数，无法推进，加上天寒地冻，京师外围守军的奋力抵抗，到11月8日，也先一路狂逃，退出塞外，并遣使进贡，来北京议和。至此，明军取得了北京保卫战的全面胜利。

北京保卫战的胜利，不仅加强了北京京师部队的战斗力，组成了一支战斗力较强的机动兵力，而且使瓦剌军从此不敢窥视京师；同时，还促进了边防建设，收复了许多要塞和重镇，使明王朝的统治得到了进一步的巩固与加强，而德胜门的箭楼就是在这次战争中发挥了军事上的重要作用。

进贡 古代时藩属国对宗主国或臣民对君主呈献礼品。我国古代帝王朝与周边少数民族、附属、附庸国之间的贸易形式，各政权或民族带来本地区的土产方物进献给皇帝，谋求政治上的依托与援助，并获得物质利益。

在北京保卫战之前，德胜门经大规模地重建后，已经成为了一个由城楼、箭楼、瓮城、护城河和石桥等建筑构成的完整体系的群体军事防御建筑，也因此奠定了后来德胜门的规模。

德胜门城楼面阔五间，通宽31.5米；进深三间，通进深16.8米；砖石结构的城台高12.5米，墙体有收分，东西宽约39.5米。城台北面筑有雉堞，俗称"垛口"。城台两侧有四门大炮。城楼连同城

■ 德胜门鼓楼

台通高36米。

一般而言，北京内城的九门都有城楼和箭楼。箭楼下都有门洞和城门，但德胜门箭楼是北京箭楼中唯一没有门洞和城门的，它实际上是一座内木外砖的高层建筑。

德胜门箭楼在城楼前沿，坐南朝北，雄居于高大的城台上，灰筒瓦绿剪边，九檩歇山转角，重檐起脊，屋面盖青色布瓦，镶绿色琉璃剪边。

平面呈"凸"字形，前楼后厦合为一体，三座过梁式门朝南开，箭楼北侧为正楼，面阔七间、东西宽通宽34米、南北宽12米。

箭楼正楼后接庑座五间，四檩单坡顶。外檐用五彩单翘单昂斗拱。大木、装修和楼板等都用松木制作，角梁和斗拱用柏木制作。

下架柱木、板门等髹饰红土油，上檐枋额、角梁和斗拱等绘青绿雅伍墨彩画，所有大木梁柱都采用缠箍包镶。南侧庑座五间，东西宽25米，南北宽7.6米，进深19.6米，楼高19.3米。

城楼古景

雄伟壮丽的古代城楼

德胜门箭楼

箭楼的楼身上下分隔成四层。每层横架都施用承重梁六缝，每层的四周檐柱之间，都用粗巨的枋额串联起来，构成三道围箍的全框架结构，具有较好的刚度和整体性。

整个木骨架外面用两米多厚的砖墙围护起来，封护得十分严密，每层都辟有箭窗，共设箭窗82个，其中北

侧48个，东西两侧各17个，供弓弩手瞭望、射箭和藏身。

在德胜门箭楼的南面，有一座规模更大的城门楼。城门楼和箭楼之间用城墙连起来，围出来一个宽70米、深118米的瓮城，其规模在内城各城门中仅次于正阳门。瓮城东侧墙上开一个券顶的大门，门上建闸楼。

城楼、箭楼和瓮城共同组成完整、严密、坚固的防御体系。敌人要想攻破城门，必须得先经过箭楼和瓮城两道防线，否则，就会被"瓮中捉鳖"。

阅读链接

古代时，由于科技落后，武器低端，且防御武器多以弓箭为主，所以城门作为皇城出入的唯一通道，城门内的箭楼常常是当时苦心经营的防御重点。

皇城最里的正门，就是正楼，它与箭楼之间通常用围墙连接成瓮城，是屯兵的地方。在瓮城中，有通向城头的马道多处，缓上无台阶，便于战马上下。

城墙四角都有突出城外的角台。除个别角落为圆形外，其他都是方形。角台上修有较敌台更为高大的角楼，更加突出了箭楼在战争中的重要地位。

德胜门瓮城真武庙与护城河

　　明代在德胜门箭楼瓮城的北边正中，曾建造了一座纯正的道家庙宇，名叫"真武庙"。这座庙有些与众不同，其他城楼的庙宇都是建在城楼的两侧，而这座真武庙却是建在德胜门箭楼底下的正中间。

　　"真武"又称"真武帝"，原本是道教所奉的神，而且他曾经在众神里的身份也极为一般。相传，唐高祖李渊和唐太宗李世民，为了

德胜门夜景

表示他们当时建立的王朝是符合天意的，就把太上老君李耳奉祀为他们李氏的祖先，说太上老君是他们一家的始祖。

■ 德胜门真武庙景物

到了宋朝，宋太祖赵匡胤曾经附会说，他们赵家的始祖是真武大帝，因为真武帝姓赵，叫赵宣朗，而宋王朝也姓赵。

所以，宋真宗赵恒后来也仿效唐代时李渊和李世民父子俩奉祀太上老君的做法，诏封真武帝为"真武灵应真君"，并开始全力推崇真武帝，从此，真武大帝的身份一下子就高了起来。

元朝时候，元成宗孛儿只斤·铁穆耳又加封真武帝为"光圣仁威玄天上帝"。真武帝从此一跃而成为北方身份地位最高的天神了。

到了明朝时，明成祖朱棣也曾一度抬高真武帝，以借其美化自己。明成祖做皇帝之前是燕王，他以"清君侧"的名义起兵夺取了皇位。

据说，朱棣打了四年仗，几乎没打过败仗，一直打到南京夺取了帝位，所以他做了皇上之后，把真武神加封为"北极""镇天""真武""悬天"和"上地"等，并且在全国各地，包括在他的皇宫里边都修建了大大小小的真武庙。

在德胜门瓮城的真武庙中，奉祀有一位颏下三绺

宋真宗（968年—1022年），赵恒，宋朝第三位皇帝。1004年，辽入侵，宋朝战胜了辽，但因宋真宗惧怕辽的势力，便订立了澶渊之盟，每年向辽进贡大量金银。此后，北宋的统治日益坚固，社会经济也极为繁荣，史称"咸平之治"。

雄伟壮丽的古代城楼

■ 德胜门内古建筑

真武大帝 又称玄天上帝、玄武大帝、佑圣真君玄天上帝，全称真武荡魔大帝，为道教神仙中赫赫有名的玉京尊神。真武大帝为龙身，降世为伏羲，是中华的祖龙，也称玄武、玄龙，为盘古之子，曾任第三任天帝，生有炎黄二帝。民间称荡魔天尊。

长髯、披发黑衣、腰佩宝剑、脚踏龟蛇的"真武大帝"神像。相传当时在德胜门瓮城和安定门瓮城建真武庙，是因为人们当时觉得让"真武大帝"看守京城北大门，比关老爷更可靠。

在当时，德胜门的这座真武庙，比多数城门庙宇都大，庙内的正门两侧各有钟楼、鼓楼一座，还有几间亭阁和道士的住房。

真武庙前的椿树俊秀挺拔，整个环境十分迷人。树丛灌木掩映着"之"字形台阶和瓮城的雉堞。德胜门瓮城内景致秀丽、恬静宜人，是其他瓮城所不能企及的。

古代的城防体系有城墙就必有护城河。北京的护城河有上源，有流向，护城河水是流动的，是京城水系的重要组成部分。

因为护城河上建有许多闸、坝，以调节水量，控制流速，所以有时护城河水的流速比较大，相应的该段护城河水深面宽，河流的北侧通常还会连着一片大苇塘。

北京北面的护城河从西向东流经德胜门箭楼西侧的松林闸。河水流到箭楼下，冲击粗壮的桥桩，发出巨大的轰鸣声。松林闸下水平如镜，一到台阶，河水如脱缰野马般急冲而下，形成德胜门箭楼下一道水景。

那时候，德胜门作为军门，守备器械的种类很多，所以城内外兵械商人云集。在后来的德胜门外冰窖口胡同内，曾经还有一个兵器行会所建的弓箭胡同，又称"弓箭会馆"，相传该会馆当时专营各类弓箭。

在明朝嘉靖年间和万历年间，德胜门曾两度大修，其格局规模仍然保持了之前的原貌。1628年，清太宗爱新觉罗·皇太极亲统大军征讨明朝。清太宗一行入洪山口，克遵化城，很快就由蓟州直抵北京，驻营城北土城关之东，直抵德胜门。

清太宗（1592年—1643年），爱新觉罗·皇太极，清太祖努尔哈赤第八子。于1626年继位后金可汗，改年号为天聪，史称"天聪汗"。他是大清开国皇帝，是他个人权势的升华，也是他父亲努尔哈赤创建后金国以来划时代的飞跃。

蓟州 我国古代行政区划名。唐析幽州置，治渔阳（今天津市蓟州市）。辖境约为今天津蓟县、河北三河、遵化、兴隆、玉田、大厂等市县和唐山市丰润、丰南区地。金以后西部辖境缩小。明洪武初省渔阳县入州。清不辖县。

103

以德取胜

德胜门城楼

德胜门后的护城河

御碑 碑文由皇帝亲自撰写的碑。在我国的碑刻中，规格最高、最尊贵的要数御碑。这些碑往往建有碑亭加以保护，因此，御碑亭成为一道十分重要的景观。

正黄旗 清朝八旗之一，以旗色纯黄而得名，始建于1601年，由皇帝亲自统领。正黄、镶黄和正白旗列为上三旗。兵丁人口最多，至清末，下辖92个整佐领又两个半分佐领，约3万兵丁，总人口约15万人。

后来，清太宗率诸贝勒围绕北京城探视情况，许多贝勒当即积极请战攻城。但清太宗深思熟虑之后才下诏说，"朕仰承天眷，攻城必克。但所虑者倘失我一二良将，即得百城亦不足喜"。

所以，鉴于北京皇城当时城防的严密，清军打消了立即攻城的念头，移驻南海子，许诺与明王朝议和，并由山海关班师。

1630年，清太宗爱新觉罗·皇太极认为攻打北京城的条件已经相当成熟，便再次率兵前往，岂料他在与明军在德胜门经过一番激战后最终败走。

实际上，也有史书记载说，"德胜"两字的意思不是打胜仗的"得胜"，主要是说"道德超出别人，表明以德取胜，所以有了这个城门"。

在清朝时，德胜门有重兵把守，派章京2员，骁骑校4员，马军200名，由正黄旗管辖。清朝士兵们进德胜门时还要高唱"得胜歌"。传说后来的单弦"八角鼓"就是由当时的"得胜歌"演绎而来。

1679年，北京大地震，德胜门毁坏严重，曾落架重修。在乾隆年间，德胜门曾再度重修，并在瓮城内西侧立了一通"祈雪御制碑"，人称"德胜祈雪"。

此碑在北京的历史上非

■ 德胜门城楼近侧景

常有名，德胜门除去在历史上享有军事要塞的盛誉外，"祈雪御制碑"的碑文因乾隆皇帝亲笔书写，名声大震，更是与京城的其他八门争雄。

德胜门旁的御碑亭

1778年，由于天气大旱，许多地方颗粒无收。这一年末，乾隆皇帝北行祭明陵时，到德胜门处喜逢大雪纷飞，于是龙颜大悦，作御诗立"祈雪"碑碣一通，以谢天公作美，并建有黄顶碑楼。碑之高大，令其他诸门的石刻难以比拟，故人称"德胜祈雪"，或称"御碑亭"。

碑刻《祈雪诗》诗道：

春祀还宫内，路经德胜门。
文皇缅高祖，渺已实无孙。
力取权弗取，德尊果是尊。
微尘郊外有，望雨复心存。

此外，碑刻还附有乾隆皇帝关于祈雪诗的部分原注，如"春祀还宫内"原注：

我朝定制二月朔日坤宁宫大祈神，先期自御园还宫，每年如此。

"望雨复心存"原注：

京师立冬，腊雪微沾，今岁上元前一日，得雪不成分寸。今日途间觉有轻尘，虽土脉尚润，而早已心存望雨矣。

御碑亭为重檐黄色琉璃瓦所覆，做工特别精细。乾隆皇帝御笔碑文，字迹宛然在目。当时，在北京皇城的各城瓮内只有德胜门有石碣，盖也奇异。

高大的"德胜祈雪"御碑亭、矮矮的花墙、浓密的椿树和错落有致的梯子墙，构成了当时德胜门瓮城内的一道靓丽的风景。

另外，"德胜祈雪"碑紧靠当年的"同兴德"煤栈西侧，而当时，"同兴德"因生意日益兴隆，每到逢年过节必带头去"德胜祈雪"碑亭内摆放供品，以谢皇恩浩荡。

所以，"德胜祈雪"碑与"阜成梅花""崇文铁龟""西直水纹"和"朝阳谷穗"等镇门之物誉满京城。往来客商、行旅见此碑无不下马拜阅。

阅读链接

史料记载，"德胜祈雪"碑为清朝时德胜门瓮城内的珍品，当时的乾隆皇帝久旱逢雪，再回忆往昔的峥嵘岁月，禁不住地写了一首祈雪诗，以抒心中豪情。

在这首祈雪诗中，乾隆皇帝提到了德胜门，但"门"字末笔未带提钩。因当时有大臣说，这个勾属"火"笔，容易招来火灾。

更何况德胜门是清朝军队出入的城门，寓有"得胜"之意。而且，朝廷出兵总希望得胜而归，绝对不能让火烧去"胜兆"，因此，德胜门匾额中的"门"字末笔也是直下无钩。

永定门城楼

永定门位于左安门和右安门中间，地处北京中轴线上，是北京外城的正门，也是外城七座城门中最大的一座，还是从南部出入京城的通衢要道。

永定门始建于明朝的嘉靖时期。它跨越明、清两代，寓意"天下一统，江山永定"和"永远安定"。

永定门由城楼、瓮城和箭楼等主要建筑组成，采用了重檐歇山三滴水楼阁式建筑，并装饰了琉璃瓦脊兽，它以其雄伟的姿态矗立于北京城的最南端。

明朝始建永定门城楼与瓮城

  1403年，在南京称帝的明成祖朱棣下令将自己原来做燕王时的封地"北平"升格为"北京"，此为北京得名之始。

  1406年，朱棣又下令在北京兴建皇宫，整修城墙，预备迁都北京。1419年，为扩展皇宫前方的空间，明朝又将原在长安街一线的南面城墙南移1千米，在正阳门一线重建。

  1421年元旦，朱棣宣布正式迁都至北京。当时的北京城又称"京

雄伟壮丽的永定门

永定门旧景

城""大城"。城内有城门九座，所以后来又名"内九城"，由朝阳门、崇文门、正阳门、宣武门、阜成门、德胜门、安定门、东直门和西直门等组成。

古代官职"九门提督"中的"九门"正是指这九门。北京内城平面轮廓呈正方形，皇城的中轴线南起正阳门，贯穿皇宫，北抵钟楼。

明代初期，国势强盛，但由于明太祖朱元璋在推翻元朝之际并未彻底击溃蒙古军队，所以长期遭受北方蒙古的侵袭。为了给蒙古以惨痛教训，明成祖朱棣先后五次亲率大军北征，因此当时的北京的城防问题尚未凸显。

可后来，明朝实力逐渐衰落，蒙古军队多次趁势兵临北京城下。到明代嘉靖年间时，于是有官员建议在北京城外围增建一圈周长约40千米的外城，以策北京皇城安全。

为了确保北京安全，明世宗朱厚熜决定，在北京城的外围，增筑一道边长10千米的外城，将原有的北京城包围在里边。

增筑外城于1553年开工，因为当时南郊正阳门外商业密集，又有皇家的天坛和先农坛，所以外城由南面开始建造，然后依次建造东、

■ 永定门旁的古城垣

道光皇帝（1782年—1850年），即爱新觉罗·绵宁后改为爱新觉罗·旻宁。清朝入关后的第六个皇帝，是清代唯一一位以嫡长子身份即位的皇帝，通称"道光帝"。在位期间正值清朝衰落，他为挽救清朝颓势做了一些努力，如整顿吏治，整厘盐政，通海运，平定张格尔叛乱，严禁鸦片，起到了一定积极作用。

北、西三面。但是外城开工不久，明世宗忧虑工程浩大，财力不足，耗时过久，于是就派内阁首辅严嵩去想办法。

严嵩去工程实地考察之后，修改方案为：将原定边长10千米的南面城墙缩短为6.5千米，其东西两端向北转折与原有城墙连接。

因此，原来计划在北京城外围增建的呈"回"字形结构的外城，只建成了呈"凸"字形的南城，这就是北京外城为何不在城外而在城南的来历。所以北京外城又称为"南城"，原有的北京城也由此被称为"内城"。

外城初建于1553年10月完工，明世宗将外城南面三座城门命名为"永定门""左安门""右安门"，东门命名为"广渠门"，西门命名为"广宁门"，广宁门后为避讳道光皇帝名字，"旻宁"被改称"广安门"。

另外两座外城，向北转折与内城连接处的城门则被称为"东便门"和"西便门"。由于建造外城是为了确保北京的安全，所以这些城门的名称多具有"安定""安宁"的寓意。

古时，北京南城垣正南为永定门，是皇室前往南苑团河围猎的必经之路。

永定门城楼为两层，面阔五间、宽24米，进深二间、长10.5米，绿琉璃剪边灰筒瓦重檐歇山顶建筑。正门上嵌有一块楷书的"永定门"石匾，这块匾长2米，高0.78米，厚0.28米，"永定门"三字沉雄、苍劲、大气。

当时，取名永定门，意思是希望大明王朝从此"天下一统，江山永定"，也寓意"永远安定"。据史料记载，后来复建的永定门门洞上方所嵌石匾的"永定门"三字，就是仿照1553年初建永定门时的这块石匾雕刻而成。

永定门的正门，规模宏大，巍峨壮丽，斗拱多层，且内外梁枋斗拱遍施殿式彩画。彩画最初的目的原本是为木结构防潮、防腐、防蛀，后来才突出其装

重檐歇山顶 歇山顶也叫九脊殿。除正脊、垂脊外，还有四条戗脊。正脊的前后两坡是整坡，左右两坡是半坡。重檐歇山顶第二檐与庑殿顶的第二檐基本相同。整座建筑物造型富丽堂皇。在等级上仅次于重檐庑殿顶。

琉璃 又称流离，我国传统建筑中的重要装饰构件，通常用于宫殿、庙宇、陵寝等重要建筑；也是艺术装饰的一种带色陶器。琉璃被誉为我国五大名器之首、佛家七宝之一。

■ 巍峨壮丽的永定门

■ 永定门城楼侧景

梁枋 房子的木结构。其中，梁指木结构屋架中专指顺着前后方向架在柱子上的长木，枋指两柱之间起联系作用的方柱形木。就是支撑房屋顶部主要构件的统称。

彩画 原是为木结构防潮、防腐、防蛀，主要用于古老的梁架，玉白的石坛，赤红的门窗和金黄的琉璃瓦。宋代以后彩画已成为宫殿不可缺少的装饰艺术，是我国古代建筑装饰中最突出的特点之一。它以独特的风格和物有的制作技术及其富丽堂皇的装饰艺术效果，成为我国建筑艺术的精华而载入史册。

饰性，从宋代以后彩画成为宫殿不可缺少的装饰。彩画主要有两种类型："殿式彩画"和"苏式彩画"。

"殿式彩画"在元代以后被规定为皇室专用，主要用金，蓝，红三色，有以龙凤图案为主的"和玺彩画"和以旋花为主的"旋子彩画"两种，只有皇家较高级的建筑才能使用。

"苏式彩画"则是民间建筑使用的绘画形式，起源于江浙私家住宅与园林，后来也被皇家园林采用，题材主要有山水、花鸟、鱼虫、人物等。永定门城楼彩绘采用最高级的殿式彩画式样，足见其规制之高。

永定门城楼的大门，门钉数量，门洞以及门前石狮规制均与后来所建的箭楼相同，不同的是，在永定门城楼门前两侧各有一间小房。

两房左右对称，规制一样，均为布瓦卷棚顶。这两间小屋在古代被叫作"班房"，是古时城楼门洞前守城兵丁临时休息之所。两间"班房"规制虽低，却有其独特之处。小屋砖雕精美，垂脊角兽下的向日葵砖雕雕刻手法洗练，大巧若拙。

梁枋上大面积施以苏式花鸟彩画，画面内容丰富，形神兼备。其他地方画有象征多子的石榴，象征多福多寿的仙桃等，寓意美好、表现出对美好幸福生活的无限憧憬的各种吉祥图案。

"班房"椽子顶部为"卐"行，字不到头图案。"卐"在古代是"火"与"太阳"的象征，梵文意思为"吉祥之所集"，"万德吉祥"。"卐"字图形与梁枋上的石榴，仙桃共同组成"万福万寿""万子万孙"美好寓意。

1564年，明朝全面增建北京外城，共建成了永定门、左安门、右安门、广渠门、广安门、东便门和西便门七座城门。因这七座外城位于北京城的前三座门以南，所以百姓多习惯性称其为"南城"。

但当时，由于南城东西比内城要长，而南北却只相当于内城的一半，形状上又像顶帽子，所以南城又俗称"帽子城"。

当时的北京外城总长约14千米里。外城建成之后，北京城的中轴线由正阳门延伸至永定门，北距钟楼长达8千米。

在这次外城的增建过程中，明朝在永定门城楼下的城台前增建了瓮城。瓮城呈方形，两外角为弧形，东西宽42米，南北长36米，围城墙顶宽6米。

永定门的瓮城之上城钟高悬，御鼓卧立，鸣钟击鼓，数里可闻。

永定门夜景

永定门城楼远景

在古代战争时期，当敌人跨过护城河，攻进箭楼，这时只要迅速关闭箭楼与城楼城门，就可以形成瓮中捉鳖之势，将敌人集中剿杀，瓮城因此得名。

通常而言，城楼与箭楼间被两段弧形城墙围成一块空地，这块空地即为瓮城。但当时的永定门，明朝根本就没有修筑箭楼，实际上只是将城楼用极其坚固的城墙围成了一座瓮城而已。

城楼古景

雄伟壮丽的古代城楼

阅读链接

元、明两代在北京有"五镇"之说，后来的乾隆皇帝又将"五镇"在永定门外路西树为具体实物，南方之镇即为"燕墩"，又因南方在"五行"中属火，所以堆烽火台以应之。

因此，"燕墩"又名"烟墩"，有"永定石幢"之说，是北京城市中轴线最南端的标志建筑。

燕墩的砖台下宽上窄，平面呈正方形，台底边长约15米，台顶长约14米，台高约9米。台顶正中是一座正方形石台，台上立一正方石碑，高约8米。

碑座束腰部分用高浮雕持法雕出水神像24尊，均袒胸裸足趺坐于海水之上，须弥座四面各雕花纹五层，分别为龙、云、菩提珠、菩提叶、牛头马面及佛像，四角也各刻佛像一尊。

碑身每面宽1.58米，高7.5米，南、北碑面四周刻以云状花纹。南面刻有《御制皇都篇》，北面刻有《御制帝都篇》，均为1753年御笔，汉、满文对照。每面汉字8行，阴文楷书。碑文记述北京幽燕之地的徽记。碑顶有石檐，檐下有石雕三层，碑顶为四角攒尖顶，四脊各有一龙。燕墩记述了燕京建都概况。

清定都北京后始建永定门箭楼

1644年，八旗子弟入主北京，建立大清王朝后，重建并迁都北京。当时，清朝将北京各城门上用汉文题写的明代匾额全部撤下，开始改用满、汉两种文字题写的匾额。

清朝一直沿用了明代时期的永定门的建制格局。后来，清朝除对永定门的城门和城墙进行过多次修葺没有再做改变。

到1750年时，永定门位于北京左安门和右安门中

永定门前面的护城河

垂脊 我国古代屋顶的一种屋脊形式。在歇山顶、悬山顶、硬山顶的建筑上自正脊两端沿着前后坡向下，在攒尖顶中自宝顶至屋檐转角处。对庑殿顶的正脊两端至屋檐四角的屋脊，一说也叫垂脊，但另一说为戗脊。

间，是当时北京外城七座城门中最大的一座，为北京城市中轴线最南端的标志建筑，也是从南部出入京城的通衢要道。为了加强北京防卫，清朝在永定门又增建了箭楼，并重建了瓮城。

清朝在瓮城正面增建的单层箭楼，为单檐歇山式、布筒板瓦盖顶，绿琉璃瓦镶边；箭楼正脊有明兽，学名"嘲凤"，为龙王九子之一，生性好望远，能飞檐走壁，古代多将其立于房屋正脊或垂脊之上，以期望它能负起警卫的职责。

戗脊之上立有龙王九子，九子神态各异，栩栩如生。相传龙生九子，皆不成龙，且九个儿子各有各的长相，脾气爱好也各有不同。

■ 永定门城楼远景

箭楼规制很小，面阔三间，宽12.8米，进深一间、长6.7米，高8米。连城台通高15.85米；南、东、西三面各辟箭窗两层，南面每层七孔，东西每层三孔；箭楼门洞为拱券式，箭楼下城台正中对首城楼门洞开有一个单孔拱券式门。

永定门箭楼北侧的楼门为过木式方门。两扇厚重的木质大门上各钉铜钉81枚，横九竖九，错落有致，象征九重天子，皇家威严。

大门前左右各蹲坐石

狮一座。石狮高大威猛，端坐在洁白的大理石须弥座上。须弥座又称金刚座，原为佛像下的基座，以显示佛的崇高伟大。

■ 永定门正面

相传，在古代宅第门前，常立石狮为瑞兽，据说能起到镇宅的作用，此外石狮还有显示宅第主人身份财富的作用。

在不逾制的前提下，宅第主人社会地位越高，财富占有越广，其宅第门前的石狮体形就会越大，做工也会越细。

永定门箭楼前的石狮体形高大，用料讲究，雕工精细，且被安放在须弥座上，突出了皇城的威严，天子的气派。

1766年，清朝又重修了永定门城楼，不仅提高其规制，加高城台和城楼，将城楼由原来的单檐歇山顶

拱券式 拱与券的合称。我国传统的建筑技术。拱券式结构的建筑主要是用砖、石或土坯材料建造的。用这些材料黏结砌筑而成的跨空结构砌体，既覆盖了其下的空间，又起到了围合四壁，及承托其上屋顶的作用。最早发端于公元前4000多年的黄河流域。

正脊 又叫大脊、平脊，位于屋顶前后两坡相交处，是屋顶最高处的水平屋脊，正脊两端有吻兽或望兽，中间可以有宝瓶等装饰物。庑殿顶、歇山顶、悬山顶和硬山顶均有正脊，卷棚顶、攒尖顶和盔顶没有正脊，十字脊顶则为两条正脊垂直相交，盝顶则由四条正脊围成一个平面。明清时期，正脊多为平直。

改建成三重檐歇山顶式的楼阁建筑，还使用了灰筒瓦、绿剪边，装饰了琉璃瓦脊兽，令其以雄伟姿态矗立于北京城中轴线的最南端。

改建后的城楼形制如同内城，重檐歇山三滴水楼阁式建筑，灰筒瓦绿琉璃瓦剪边顶，面阔五间，通宽24米；进深三间，通进深10.50米；正脊、戗脊上的明兽、路兽都是龙王九子的形象，与箭楼相同。楼连台通高26米。瓮城呈方形，两外角为圆弧形，东西宽42米，南北长36米，瓮城墙顶宽6米。至此，永定门工程才算全部完成。

永定门自嘉靖时始建，到最终建成，共计跨越了明清两代。清朝时仍称永定门，寓意"永远安定"。

阅读链接

相传，元末明初，玉帝派四海龙王的九个儿子，即"龙九子"，去辅佐朱元璋和朱棣平定天下。可是，当他们功德圆满，欲返天廷复命时，企图留住他们的朱棣心生一计，对其中的老大赑屃说："你力大无穷，如能驮走神功圣德碑，我就放你们走！"

赑屃一看是块小石碑，毫不犹豫地驮在了身上，但他不知神功圣德碑是记载"真龙天子"生前一世所做功德之用，又有两代帝王的玉玺印章，能镇四方神鬼，所以它寸步难行。

眼看大哥被压在碑下，其余龙子便决定一起留在人间，并发誓永不现真身。结果，朱棣留住了龙九子，得到的却仅仅是九个塑像般的神兽。

朱棣后悔莫及，为了警示后人不要重蹈覆辙，便让九龙子各司一职，流传千古。

古都城楼

北京钟鼓楼，位于北京东城地安门外大街。其中，钟楼在北，鼓楼在南，两楼同时坐落在古城中轴线的北端。它始建于元代，重建于明代，是元、明、清三代京城的击鼓报时之处。

西便门城楼位于北京外城的西南角，属北京外城简单便门之一，为明清时期的北京外城七门之一。它始建于明朝嘉靖年间，由城楼、箭楼和瓮城组成。其中，"八瞪眼箭楼"为清代初期增建。

作为报时中心的钟鼓楼

在古代，古人将黑夜划分为"五更"，每更两小时，并以钟鼓报时。鼓楼定更击鼓、钟楼撞钟报时都极有规律，所以"五更"又称"五鼓"或"五夜"。

北京钟鼓楼

清代初期规定报时的方法为：定更及亮更，皆先击鼓后敲钟，其二至四更则只敲钟不击鼓。后来，改为只在夜里报两次更，每晚定更和亮更先击鼓后撞钟。定更时钟声响城门关，交通断，称为"净街"；亮更时，钟声响城门开，这就是人们通常所说的"晨钟暮鼓"。

北京钟鼓楼之鼓楼

过去，钟鼓楼的报时之职由清宫銮仪卫承担，文武百官上朝，百姓生息劳作均以"晨钟暮鼓"为度。

在古代，古人常用的计时器有碑漏和铜刻漏。碑漏内部设12根铜管，最后一根铜管下置铙片。碑漏上方设一投球孔，铜球通过所有铜管的时间为24秒，然后击铙报时。两个金属球之间的时间间隔为24秒，36个球用时14.4分，即古时一刻，3600个球滚动完毕正好24小时。

铜刻漏计时，鼓手们听到铙响后击鼓定更，钟楼听到鼓声后撞钟报时。这一科学的铜刻漏计时、更鼓

铙　又称为钲和执钟，铜制圆形的乐器，常和镈配合演奏。铙的形制与镈相似，唯中间隆起部分较小，以两片为一副，相击发声。铙为我国最早使用的青铜打击乐器之一，其最初的功能为军中传播号令之用，最早流行于商代晚期，周初沿用，后来成为蒙古、藏、纳西、壮、土家、黎和汉等各民族互击体鸣乐器。

■北京钟楼远景

螭首 螭为古代传说中的一种动物，属传说中的蛟龙类。龙为炎黄子孙最崇拜的神兽，把它装饰在碑头上成为螭首，碑的身价就变得更为高贵。

京兆尹 我国古代官名，为三辅之一，居三辅之首。京兆尹、左冯翊和右扶风三位，是治理京畿地区的官员被统称为三辅。唐代后未设置，只习惯上称呼京师所在地行政长官为京兆尹。官职为正四品上。清朝划其京都及附近30余县为一特别行政区，称顺天府，长官称顺天府尹。

定时和铜钟报时程序，系统地为文武百官的上朝和百姓的生息劳作及生活起居提供了重要的时间参考。

后来，清代改用时辰香计时，严格定制的时辰香为盘旋状，均匀燃烧，在经过精确计算的刻度上悬挂小球，下接金属盘。当香烧到该刻度，球掉入盘中报时，提醒鼓手击鼓。

北京钟鼓楼位于北京东城区地安门外大街北端，始建于1272年。钟楼和鼓楼相距百米，前后纵置，一改钟鼓楼左右对峙的传统，并且都处在北京南北中轴线的最北端。

钟鼓楼作为元、明、清代三代都城的报时中心，在城市钟鼓楼的建制史上，北京钟鼓楼的规模最大，形制最高，气势雄伟，巍峨壮观。

元朝时的北京钟鼓楼，位于元大都城，就是后来的北京中心，后毁于火，1297年重建之后不久又毁于火。1420年，明朝重建宫室的同时，又重建了钟鼓楼，并确立了其位于都城南北中轴线北端的地位。

后来，两楼又相继毁于大火。1539年，鼓楼遭雷击起火，第三次重修。1654年，钟鼓二楼毁于火灾，于1745年奉诏再次重建，两年后方竣工。

后来，北京钟鼓楼又历经了多次损毁与修复，后来的钟楼是清代时的建筑，而鼓楼则是明代时的建筑。

钟楼占地约6000平方米，为重檐歇山顶式建筑，共两层，通高47米多，楼身为正方形平面，是一座全砖石结构的大型单体古代建筑。

钟楼正南为一座与围墙相连的三联大门，中门内立有1745年重建钟楼碑一通，螭首方座，碑首题额《御制重建钟楼碑记》，碑阳为经筵讲官户部尚书梁诗正奉敕敬书碑文，碑阴为京兆尹薛笃弼书的《京兆通俗教育馆记》碑文。

钟楼下部为砖砌城台，城台上四面有城垛，周围环绕着汉白玉石护栏。城台台身的四面各有一座拱门，其内部结构采用复合式拱券，呈十字券结构。

除主体拱券之外，还于围护墙体中设有环路通道。在底层的东北角开有一蹬楼小拱门，内设75级石阶可达二层的主楼。

■ 万寿寺钟鼓楼

主楼面阔三间，屋顶为黑琉璃瓦绿剪边，正脊两端安背兽，两层屋檐的戗脊上均安狮子为首的五跑小兽。上层檐下施重昂五彩斗拱，下层檐下施单翘单昂五彩斗拱。

主楼四面各有一座拱门，其左右各有一座石雕窗，当心开一拱券门，左右对称开券窗，窗上安设石刻仿木菱花窗。

整个建筑结构强调了共鸣、扩音和传声的功能，这种设计在我国钟鼓楼建筑史上是独一无二的。

在二楼的正中位置，立有八角形的木框钟架，用以悬挂报时用的大钟。在钟架两侧吊一根两米长的圆木，供撞钟使用。

据史料记载，钟架上原来悬挂有明永乐年间铸造的铁钟一口，但因音质不佳，后来才改用了"大明永乐吉日"铸造的铜制巨钟，铁钟则被置放在了钟楼外的平地上。

铜钟通高7.02米，钟身高5.5米，最大直径3.40米，钟壁厚12至24.5厘米，重约63吨，是我国体积最大、分量最重的古代铜钟，有"钟王"之称。

据文献记载，铜钟采用传统的泥范法，利用地坑造型群炉熔铸。钟体全部由响铜铸成，撞击时声音浑厚绵长，圆润洪亮，京城内外方圆数千米均可听到。

北京鼓楼在元朝时名叫"齐政楼"，其位置在明清鼓楼以西，就是后来旧鼓楼大街的南口。在1800年和1894年，曾先后对鼓楼进行了大规模的修缮。

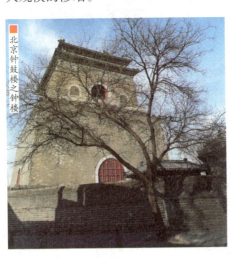

北京钟鼓楼之钟楼

鼓楼是一座单体木结构建筑，总占地面积约为7000平方米，坐北朝南，为重檐三滴水木结构楼阁，通高46.7米。楼身坐落在高约4米的砖石台基上，东西长约56米，南北宽约33米。

鼓楼有上下两个功能层和中间的一个结构暗层，面阔五

■ 复原后的钟鼓楼

间，进深三间，外带周围廊，四周围以宇墙，红墙朱栏、雕梁画栋，非常雄伟壮丽。

鼓楼下层为城台，城台外显面阔七间，进深五间，内部为拱券结构，楼底层共有拱券式门八座；南北各有三座券门，东西各一券门，南侧门前有石狮子一对，高约1.25米。

楼台东北隅有一门，内有蹬楼石阶梯，南北向倾斜45度，共60级，然后拐弯向西，东西向倾斜45度，共有9级，经69级石阶梯可达二楼。

二楼四面均有六抹方格门窗，四周有廊，宽约1.3米，带木护栏，望柱高1.55米，建筑面积为1925平方米。楼内有木制鼓座，鼓座为红油漆上雕云纹，高1.8米，长2米，宽1.9米。

鼓楼的25面更鼓便置于此处，其中："大鼓"又称"主鼓"一面，代表一年；"小鼓"又称"群鼓"24面，代表一年24节气。

据史料记载，在清朝末年，北京鼓楼曾经使用的一面大鼓鼓高2.22米，腰径1.71米，鼓面直径约1.5

永乐 明成祖朱棣的年号。永乐年间，明朝从南京迁都北京、明成祖命伟大的航海家郑和率领数百艘海船组织的庞大船队先后六次下西洋，访问了30多个在西太平洋和印度洋的国家和地区，明成祖组织编修《永乐大典》等重大历史事件，全国统一形势得到进一步发展和巩固。

云纹 一般指由深到浅，或由浅到深过渡自然的花型，也有由里向四周逐渐散开的云纹，一种或多种色彩深浅层次变化，使图案有立体感，显示细腻而生动逼真。

五彩斗栱 斗栱的多种形式之一。里外各出两拽架的斗栱，单翘单昂、重昂或重翘品字斗栱皆为五踩斗栱。斗栱组合有头翘一件，头昂后带翘头一件，二昂后带六分头一件，蚂蚱头后带菊花头一件，撑头木后带麻叶头一件，外拽用单材瓜栱、单材万栱、厢栱各一件和正心瓜栱以及正心万栱各一件。

米，用整张特大牛皮蒙制而成。

此外，楼内安放着计时器碑漏和铜刻漏。鼓楼上的铜刻漏为宋朝年间制造并相传下来的，分为四级漏壶，由上至下分别是：天池、平水、万分和收水。

收水壶设箭尺于水中，水涨箭浮，依刻显时，旁边的铙神每隔15分钟击铙八次报时，每天误差仅在20秒左右。

鼓楼的第三层是暗层。鼓楼屋顶为灰筒瓦绿琉璃剪边重檐歇山式，正脊两端安背兽，平坐周围以木制滴珠板封护，上层檐下施重昂五彩斗拱，下层檐为四坡屋顶，施单翘单昂五彩斗拱，平坐下施重翘五彩斗拱。各层屋顶戗脊上曾置狮子为首的五跑小兽，后来改为仙人为首的七跑小兽。

阅读链接

相传，永乐皇帝诏令工匠铸巨型铜钟。但三年过去，铜钟仍未铸好。于是，皇帝怒斩监铸太监，并限令工匠们在80天内铸好大钟，否则全体处斩。这次负责铸钟的华严师傅是当时有名的铜匠。

据说，他有一个聪明伶俐、出落得如仙女一般的女儿华仙。当时，华仙见父亲为铸钟的事一筹莫展，便请求父亲带她一起去铸钟。

那一天，眼见又要失败，华严急得眼睛都红了。只见当时，穿一身红袄红裤、着一双绣花小红鞋的美丽华仙冲到炉边，猛地纵身跳进炉去。刹那间，炉火升腾，铜水翻滚。铜钟终于铸成了。

后来，为了纪念这位为了铸钟而献身的美丽姑娘，人们尊称她为"铸钟娘娘"。

西便门城楼与八瞪眼箭楼

相传，有一年，鲁班爷带着他的儿子和徒弟赵喜去北京云游。一天，他们看见有人正在修建城墙，亟待竣工，城门下脚所需的汉白玉石以及城门里用的豆渣石，还一直没找到合适的材料。

眼看工程完不了，工头心急如焚。见此情形，好心的鲁班爷便带着儿子和徒弟赵喜在北京周围四下寻找。

西便门八瞪眼箭楼侧景

有一天，当三人走到离北京不远的、北京西南的琉璃河时，鲁班爷看到河边有许多豆渣石，河底有许多汉白玉石。

于是，他就对着河面大声地喊道："河底下有白家哥儿们吗？你们醒醒！"

西便门城楼近景

说来也怪，果然有来自水底的声音回应道："有，有，有！"

接下来，三人就商量如何搬运石头。豆渣石黄黄的，似牛皮，赵喜决定把豆渣石变成牛往北京赶；汉白玉石白白的像羊毛，所以鲁班爷的儿子打算把汉白玉石变成羊往北京赶。

商量好了运石头的法子之后，鲁班爷又对他的儿子和徒弟说："必须一夜运到北京，如果天明鸡叫，石头可就要露了原形，再也走不动了！"

鲁班爷的儿子答应了，赵喜也答应了。

天交定更后，鲁班爷不慌不忙地来到河边，冲河岸边上的豆渣石、河底下的汉白玉石，大声地吩咐着说："老豆、老白，你们辛苦辛苦，到北京去吧！你们到了那里，帮助把北京城修成了，你们可就是一千年、一万年都有名啦！"

不知道老豆、老白是否听到，总之他们都没应声，鲁班爷的儿子直皱眉头，赵喜也禁不住地笑了起来。

这下子，鲁班就急了，不由得勃然大怒，厉声大吼道："老豆、老白，你们给我快快地走！”

老豆、老白本来故土难离，但经不住鲁班爷的麻烦与纠缠，一块块豆渣石变成了一头头健壮老黄牛，跑了过来；一块块汉白玉石变成了一只只温顺大绵羊，跳出水来。

鲁班爷心里高兴极了，赵喜师兄弟两个人，分别赶着牛和羊，经长辛店，过卢沟桥，直奔东北走去。

当时，素来诡计多端的赵喜心里暗算：牛比羊走得快，我这回可不能让鲁班爷的儿子抢了头功，要是能让鲁班丢人现眼就最好了。

于是，两人一过卢沟桥，赵喜就"叭，叭"两鞭子，转眼的功夫，赵喜跟那群黄牛就没影了。鲁班爷的儿子走得也不慢，刚到四更天，就看见北京城了，心想：这回真没违背父亲吩咐的限期！

眼看羊就到城边了，忽然"咯儿咯儿"一声鸡叫，近村远村的鸡都就叫起来了。其实，这是赵喜的豆渣石运到了以后，怕师哥抢头功，学了一声鸡叫。

听到鸡叫，鲁班爷儿子赶的那些石头变的绵羊，忽然间就全倒下

西便门角楼旧景

■ 西便门八瞪眼箭楼

垛口 城墙上的矮墙向前方突起的部分。可用来作为守御城墙者在反击攻城时的掩蔽之用。一般垛口数十厘米至数米都有。垛口一般砌筑成矩形。垛口上部砌有一个小方洞即瞭望洞，其左右侧面砖呈内外八字形。它的下部有一个小方洞，是弓箭的射孔。

又变成石头了。这些石头，远远看去，就仿佛一群绵羊似的。

后来，明朝在这里修建了西便门，人们就管这群汉白玉石羊叫"西便群羊"。

明朝初期，北京城建成后，西便门仍在北京城墙西南端角楼旁边，为北京外城西南角的城门，在当时的形势下，最强烈的愿望是安宁，安宁压倒一切。

西便门是明、清时期京师外城七门之一，主要由城楼、箭楼和瓮城组成。西便门与东便门，是北京修建较晚的两个城门。

1553年，为了防御蒙古骑兵的骚扰，保障北京城的安全，明朝在京城四周修筑外城，但因当时低估了建筑的规模，受财力限制，就只修了环抱南郊的一段，修建了永定门等五门，从而使京师城垣呈"凸"字形。

后来，北京外城城墙东西两端与内城城墙相连接处附近修有两座朝北向的城门，分别就是东便门和西便门。

东便门是北京外城东南端的一座小城门，位于北京城墙东南端角楼旁边，是北京外城的城门之一，主要由城楼和箭楼组成。西便门初建规模很小，规制较为简陋，其城楼通高仅11米，其他形制、尺寸与东便门相同。

后来，由于北方游牧民族南下劫掠越来越频繁，而明朝也日渐富庶，北京城内城外的居民逐渐增多，因此，为了进一步增强北京城的防卫，明朝又在北京城四周补修外城，从而形成了以永定门、左安门、右安门、广渠门、广安门、东便门和西便门为主的外城七门的格局。

1564年，西便门扩建城楼时，增筑了约长31米的半圆形瓮城，同时加固了西便门城楼东侧内外城连接处的城墙垛口，疏浚城门外的护城河道，在城门以东修筑一座三孔水桥，使玉泉山水在附近顺利分流注入通惠河。

经过这次扩建后，西便门城楼为单层单歇山小式，灰筒瓦顶，四面开方门，无窗；面阔三间宽11.2

通惠河 位于京城的东部，是元代挖建的漕运河道。由郭守敬主持修建。自至1292年开工，1293年完工，元世祖将此河命名为"通惠河"。最早开挖的通惠河自昌平县白浮村神山泉经瓮山泊，今昆明湖至积水潭、中南海，自文明门，今崇文门外向东，在今天的朝阳区杨闸村向东南折，至通州高丽庄，今张家湾村入潞河今北运河故道，全长82千米。

■ 西便门城楼远景

米，进深一间深5.5米，高5.2米；其城台正中辟过木方门，楼连城台通高11.2米。瓮城为半圆形，东西宽30米，南北长7.5米。

在这以后，直至建立清朝，出于外城防御的需要，清朝才对西便门城楼进行了扩建，在瓮城上增筑了宽9米、高4.7米的小型箭楼。

箭楼上设有两排箭窗，每排四个箭孔，共八个箭孔，宛如八只睁得大大的眼睛，神情警惕而专注地俯视着城外，简直有令来敌生畏的感觉，因而人们又称西便门箭楼为"八瞪眼箭楼"。

八瞪眼箭楼为单层单檐硬山小式，灰筒瓦顶，南背面辟过木方门，东西北三面辟箭窗，每面各二层，北面每层四孔，东西面每层两孔；面阔三间宽9米，进深一间深4.6米，高4.7米；其城台正中辟门，北半侧为其外侧，属于拱券顶，南半侧为其内侧，为过木方门连城台通高10.5米。

清代以后，西便门城楼、箭楼和瓮城及附近城墙均被拆除。后来，紧靠西便门城楼东侧的195米内城墙被整修，并在外城相接原址复建了"八瞪眼箭楼"，同时保留了七处断面遗迹，并立碑纪念。

阅读链接

关于西便门名称的由来，据相关史料记载，大概有两种说法：一是取"便门"之意，意思是西便门"便于南北方向的出入"，或指西便门属于"工程简便，不是大兴土木"之门。

无论西便门城楼，还是八瞪眼箭楼，相对其他各城门来说，都较为简单。

其次，指西便门偏居北京城的西侧，并且是在北京内城和外城的结合部位。所以，这座城门因其所处位置，曾经用"偏"来命名，别称"西偏门"。但由于"便"和"偏"的发音相近，时间一长，人们就把"西偏门"读作"西便门"了。

西安钟鼓楼

西安的钟楼和鼓楼位于西安城中心，是西安城的标志性建筑物，他们遥相呼应，蔚为壮观。西安的鼓楼建立于1380年，钟楼建立于1384年，距今已有600多年历史。

西安鼓楼享有"声闻于天"的美誉，其建制远远超越了明代皇家的礼制。明太祖朱元璋希望其不仅能司辰报时，还能振明朝国威，以慑边寇。

西安钟楼是我国古代遗留下来的众多钟楼中形制最大、保存最完整的一座，其建筑规模、历史价值和艺术价值都居全国同类建筑之冠。

超越皇家规制的西安鼓楼

　　1380年，当明军还在陕西泾阳上与元军鏖战时，明太祖朱元璋就考虑不能一直骑在马上治天下了。经过血与火洗礼的西安城，百废待兴，因而城市建设为当时第一要务。

西安鼓楼

■ 西安鼓楼近景

于是，他就派遣了守卫陕西和西安的接管官员开始营建西安城。在西安城的首批建筑里，司辰报时的西安鼓楼也位列其中。

古时，鸣钟报晓、击鼓报暮，因此有"晨钟暮鼓"之称。同时，夜间击鼓以报时，"三鼓"就是"三更"，"五鼓"就是"五更"，一夜共报五次。日落时击鼓起更关闭城门，夜半深更击鼓警戒行人，日出前击鼓亮更开启城门。

在明朝初期，西安城周长11.9千米，面积为8700平方米。所以，要使鼓声能传遍全城，就必须建造高楼，并设置大鼓。

据史料记载，元朝时西安城也曾建有一座高楼，名为"定时楼"，因其楼上设有巨鼓一面，每日击鼓报时，人称"鼓楼"。在元末明清时，定时楼被焚于战火。

明朝扩城以后，定时楼遗址已不是城市的中心

风水 本为相地之术。相传风水的创始人是九天玄女，比较完善的风水学问起源于战国时期。风水的核心思想是人与大自然的和谐，早期的风水主要关乎宫殿、住宅、村落和墓地的选址、座向、建设等方法及原则，原意是选择合适的地方的一门学问。

初春时节的西安鼓楼

点，但当时传说该地的风水很好，曾经还是唐朝最高行政首府尚书省的玄关，即正门所在。尚书省和六部击鼓司辰，提醒官员上朝退朝。那时候，尚书省放置鼓的楼名为"敬时楼"，位置就在玄关一带。

此外，在元代鼓楼的东侧是奉元路府所在地，到了明朝时期，西安城是明朝的全国军政重镇，而定时楼的遗址东侧正是西安府所在地。虽然钟鼓二楼相依相随自古使然，但靠近衙门的鼓楼自然是要先建了。

所以，明朝于1380年新建鼓楼的地址依然选择在定时楼的遗址之上，也就是后来的西安北院门街南端，鼓楼横跨北院门大街之上。

我国古代自古就有"盛世修史、丰年盖楼"之说。主持修建鼓楼的有明代著名开国将领长兴侯耿炳文、西安知府王宗周等人，据说是在微雨朦胧之中为鼓楼工程奠基的。

选址和设计好后，鼓楼工程开始。一群役夫和雇工在匠人头头的带领下，开挖奠基，运土廓坑，垒砖搬石，不出数月，长方形的砖砌留有券洞楼基就耸立起来了。

但鼓楼的券洞内和北院门街起初一直都是土路，直至清朝中期，有一晁姓大富户为了做官，捐银两才给鼓楼券洞和北院门街路面铺上了石条。

那时，陕西咸阳古松参天，森林密布。西安鼓楼的梁柱椽板用木，就来自咸阳森林。

木匠们对这些特意选伐的百年、千年巨松，先是刨光溜圆，继而或者浑木使用，或者解剖成段，或者凿卯刻榫，或者雕斗琢拱，然后通过立柱架梁，铺设椽板，钩心斗角，形成了鼓楼的巍峨骨架。最后顶覆筒瓦，内外彩绘，开门辟窗，内置楼梯等，一座巨大稳重、华贵秀美的鼓楼屹立在了西安城里。

整座西安鼓楼呈长方形，不用一铁一钉，全靠隼卯珠联璧合，楼内两层，楼外望去却是三层，为重檐三滴水结构。鼓楼四围回廊上每层正面有明柱十根，

彩绘 又称丹青，最早出现于我国春秋时代，是我国传统建筑上绘制的装饰画。在我国古代建筑上的彩绘主要绘于梁和枋、柱头、窗棂、门扇、雀替、斗拱、墙壁、天花、瓜筒、角梁、椽子和栏杆等建筑木构件上。

137

声闻于天

西安钟鼓楼

■ 西安鼓楼上的大鼓

■ 装饰华美的西安鼓楼

武周 唐高宗李治的皇后武则天建立的王朝。公元690年，武则天废黜唐睿宗李旦称帝，袭用周朝国号，改国号为周，定都神都洛阳，改元天授，史称"武周"。武则天是我国历史上唯一获普遍承认的女皇帝，前后掌实权达40多年。武周仍然袭用唐制，武则天是武周朝唯一的皇帝。

九个间隔。鼓楼歇山屋面上的大片葫芦悬金彩绘尤为少见。

鼓楼的整体构造又称重檐歇山式，与北京天安门、故宫保和殿相类，高度超过了天安门。当年南京的鼓楼更是不比西安鼓楼雄伟。所以，西安鼓楼是我国最大的鼓楼。

鼓楼由地面至楼顶高34米，是古时西安城的高大地标建筑之一。鼓楼因此也成为人们登高远望的佳处。鼓楼的高大形象，还特别深入民心。

传说，有秦、晋、豫三位商人出门在外，为争旅舍热炕睡，各自夸起了本省名物。

晋商说："山西有座应县塔，离天丈七八。"

豫商接着说："河南有座于谷祠，把天摩得'咯嚓嚓'。"

秦商也吟诵道："陕西有座大鼓楼，半截插在天里头。"

为了表示对西安鼓楼的叹服，晋豫二商一致同意让热炕于秦商。

明朝对建筑等级有严格规定，如朝廷一品官员的厅堂为五间九架，重檐屋顶一般只准在皇宫王府和皇家寺院中使用，如若擅自超越，将会被朝廷视为僭越之罪，处以满门抄斩之刑。

传说明代僧人重建大荐福寺时，苦于物力窘迫，无奈使用了寺庙旧日拆下的黄瓦，朝廷得知后迅即派人来调查，发现是武周朝时大荐福寺故物，并非当代人故意使用，才免予降罪。

按明朝规制，西安鼓楼的建筑严重超越了当时的礼制。但据史料记载，对西安鼓楼的建筑规制如此皇恩浩荡的正是源于朱元璋本人。

当时，建都南京的朱元璋虽攫取天下，但始终对逃至漠北的元朝鞑靼放心不下。所以朱元璋格外开恩，在西安创建了除司辰报时外，更可振明朝国威，以慑边寇的皇家等级的鼓楼。

西安鼓楼建在用青砖砌成的高大的长方形台基之上，其台基东西

西安鼓楼侧面

西安鼓楼侧面

台基 又称基座，指台的基础。我国古代建筑物中，高出地面的建筑物底座，用以承托建筑物，并使其防潮、防腐，同时可增添我国古建筑高大雄伟的特征。

关中 关中之名始于战国时期，因为西有散关，东有函谷关，南有武关，北有萧关，故取意四关之中，后增东方的潼关和北方的金锁两座关。四方的关隘，再加上陕北高原和秦岭两道天然屏障，使关中成为自古以来的兵家必争之地。

长52.6米，南北宽38米，高7.7米，占地1998平方米，它的面积比钟楼台基大738平方米。在西安鼓楼的台基下，辟有高和宽均为6米的南北向券洞，与西大街和北院门街一线笔直贯通。

鼓楼的主体建筑在台基的中心，分为上下两层楼，为梁架式木质楼阁建筑，面阔七间，进深三间，四周设有回廊。第一层楼身上置腰檐和平座，第二层楼为重檐歇山顶，上覆绿色琉璃瓦。

楼的外檐和平座都装饰有青绿彩绘斗拱，使楼的整体显得层次分明、花团锦簇、浑雄博大。登楼的青砖阶楼设在砖台基两侧，在第一层楼的西侧有木楼梯可登临楼的第二层。楼的结构精巧而稳重，是难得的明初建筑佳作。

西安鼓楼刚建成时，在其第三檐下曾经悬挂有"文武盛地"和"声闻于天"两块匾额。匾额"文武盛地"悬挂于鼓楼南檐下正中，意境雄阔，吐纳古都千年风云萦绕于笔端。"声闻于天"悬挂于鼓楼北檐下正中，取典于《诗经》中的诗句"鹤鸣九皋，声闻于天"。

明代以及后来的清代，在鼓楼周围的，大多是陕西行省、西安府署的各级衙门，这些衙门办公和四周的居民生活都离不开鼓声，鼓声也成了当时人们最熟悉的悦耳之声了。

传说，当时西安鼓楼上的大鼓高1.8米，鼓面直径2.83米，系用整张优质牛皮蒙制而成；鼓腹直径3.43米，重1.5吨。该鼓声音洪亮、浑厚，重槌之下，十里可闻。

鼓楼修好的176年后，也就是1556年，关中曾经发生了一场大地震，此后余震持续数月不断。这次地震使西安城很多建筑遭到毁灭性的破坏，但鼓楼

《诗经》 我国最早的诗歌总集，收入自西周初年至春秋中叶500多年的诗歌共305首。另外还有6篇有题目无内容，即有目无辞，称为笙诗。先秦称为《诗》，或取其整数称《诗三百》。西汉时被尊为儒家经典，始称《诗经》，并沿用至今。

■ 西安鼓楼的牌匾

巡抚 古时官名，
又称"抚台"。
我国明清时地方
军政大员之一，
巡视各地的军
政、民政大臣。
清代巡抚主管一
省军政、民政，
以"巡行天下，
抚军按民"而
名。明巡抚之
名，始见于洪武
二十四年，即
1391年命懿文太
子巡抚陕西，系
临时差遣。同年
始设巡抚。清设
明制，在各省设
置巡抚。清代巡
抚是一省最高军
政长官，具有处
理全省民政、司
法、监察及指挥
军事大权。

在这场地震中却没有大的破坏，只有鼓楼上的牌匾
受损。

西安震区经明朝万历年间的大规模重建，多年后
才逐渐恢复了元气，而其中就包括重修鼓楼。在鼓楼
重修竣工后，明代陕西巡抚都御史赵可怀曾重新书写
了鼓楼的"文武盛地"和"声闻于天"两块牌匾。

至清代，康熙、乾隆两朝曾经先后于1699年和
1740年对西安鼓楼进行过大规模的重修。

乾隆五年《重修西安鼓楼记》记载，因为上年陕
西小麦丰收，"陇有赢粮，亩有遗秉，民不俟命"，
所以出现了"男娶女归，礼兴讼息"的太平景象，于
是效法古事，重整鼓楼。

当时，长安县令王瑞具体负责修缮事宜。重修后
的鼓楼，面貌崇隆敞丽，灿然一新。登楼远望，闹市
风光、秦川景色历历在目。

鼓楼在这次大修时，鼓楼南北檐下正中换上了新
的牌匾。"文武盛地"匾额是当时陕西巡抚张楷摹写
乾隆皇帝"御笔"而成；而"声闻于天"匾额为当时

■西安鼓楼侧面远景

的咸宁学士、大儒李允宽所书，字大盈间，苍劲挺拔，画龙点睛地说明了鼓楼的实际意义。

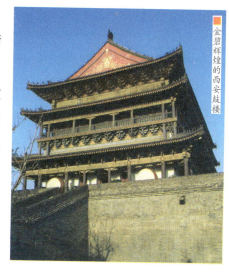

南北两幅苍劲的匾额曾经被誉为两颗"明珠"镶嵌在西安的鼓楼之上，与鼓楼一同饱经风雨的历练。

"文武盛地"和"声闻于天"两匾都长8米，宽3.6米，为蓝底金字木匾。八个字均为贴金凹体，简直字字珠玑，千古绝笔。

后来，由于"声闻于天"匾被毁，只有"文武盛地"匾传了下来。此匾与山海关钟鼓楼的"天下第一关"匾额，一起被誉为我国钟鼓楼的"中国两匾"。

阅读链接

关于西安钟楼上的"声闻于天"牌匾，民间流传着一个关于"於"字加"点"的神秘传说。

据传说，在武周时期，有一座鼓楼建成后，大臣们恭请皇帝武则天写了"声闻於天"四个字，武则天一挥而就后却没注意到"於"字上少写了一点。

后来，直至武则天有一次路过挂在宫门处鼓楼上的匾额时，抬头看见匾额上的"於"字少了一点，于是就询问身边的大臣原因何在，可身边的大臣面面相觑不敢出声。

只见当时，武则天下令取来大笔一支，蘸上墨，用一弓箭将其射到牌匾上，正好射到缺一"点"的位置，引来群臣欢呼。明朝时，有人在挂匾西安鼓楼时，将"於"字改写成了"于"字。

与鼓楼遥相呼应的西安钟楼

据传说，明王朝定都南京后，其间有一次迁都之议。有大臣主张迁都西安。明太祖朱元璋曾经有些心动，专门派太子朱标赴西安实地勘察，选择宫室基址，并绘制陕西地图进献。

庄重典雅的西安钟楼

■ 洋溢着节日气氛的西安钟楼

但奇怪的是，这位太子刚返回南京就一病不起，次年便死了。朱元璋打算迁都西安一事因此作罢。

在这期间，更奇怪的是，朱元璋在南京初登帝位后，关中一带连连发生地震，民间相传城下有条暗河，河里有条蛟龙，蛟龙在翻身，长安在震动。

这话到了朱元璋耳里，他害怕了，心里总感觉不踏实，于是就想办法要压住它。恰在当时，有个道人术士给他出了个主意，建议朱元璋在西安的城中心修一座钟楼，因为"钟乃天地之音，可镇住蛟龙"。

当时，朱元璋首先想到了当时有"天下第一名钟"之美誉的景云钟，它因铸造于唐代景云年间而得名，最早悬挂于唐代长安城内的景龙观钟楼上。钟高247厘米，腹围486厘米，口径165厘米，重约6吨。

景云钟钟形上锐下侈，口为六角弧形。钟纽为

太子 我国古代帝王的儿子中被定为继承君位的人。太子的政治地位仅次于皇帝，有自己的东宫。东宫的官员配置完全仿照朝廷的制度，还拥有一支类似于皇帝禁军的私人卫队"太子诸率"。而皇太子的妻妾也如皇帝的妃嫔一样，有正式的封号，如太子妃、良娣和孺人等。

"蒲牢"形，钟身周围铸有纹饰，纹饰自上而下分为三层，每层用蔓草纹带分为6格，共18格。格内分别铸有飞天、翔鹤、走狮、腾龙、朱雀、独角独腿牛等，四角各有四朵祥云，显得生动别致。

在景云钟的钟身正面有铭文一段，18行，每行17字，空格14字，共292字，为唐睿宗李旦撰文并书写。文为骈体，内容是宣扬道教教义，阐述景龙观的来历、钟的制作经过以及对钟的赞扬。字体为稍掺篆隶的楷书。

景云钟用铜锡合金铸成。铸造时分为五段，共26块铸模，其铸工技巧娴熟，雕工精致，钟声清晰洪亮，音质优美，显示了唐代冶铸技术的高超水平。

1384年，在朱元璋亲自过问下，一座当时全国最大的西安钟楼很快落成了。同时，景云钟也悬挂到西安钟楼上。当时的西安钟楼位置在唐长安城的中轴线上，也是五代、宋、元时长安城的中心。

其所在地在西大街以北广济街口的迎祥观，就是今西安西大街北广济街口东侧，与1380年所建西安鼓楼遥相对峙，距今西安钟楼所在

西安钟楼三重檐歇山顶

■ 被鲜花环绕的西安钟楼

的位置约1千米。

西安钟楼修好了，"天下第一名钟"也挂了上去。此后，朱元璋又派他的二儿子、著名的秦藩王朱樉镇守西安，西安的社会经济开始持续发展，其民众安居乐业，西安钟楼也终于安定下来了。

但过了两个世纪后，随着西安城中心东移，城门改建，新的东、南、西、北四条大街形成，位于迎祥观的钟楼便日益显得偏离城市中心。

到了1582年，明神宗朱翊钧下令，由陕西巡安御使龚俄贤主持，将西安钟楼整体迁移至后来的西安城中心，西安钟楼从而成为一座缩毂东西、呼应南北的轴心建筑。钟楼呈典型明代建筑艺术风格，重檐斗拱，攒顶高耸，屋檐微翘，华丽庄严。

据碑文记载，移建工程除重新建造基座外，木质

明神宗（1563年—1620年），即朱翊钧，在位48年，是明朝在位时间最长的皇帝。他10岁即位，由内阁首辅张居正主持万历朝新政，进行变法改革，使得万历年间的前10年政治清明，经济飞速发展，使濒于走下坡路的明王朝获得了短暂的复苏和繁荣。后期不理朝政，大明渐衰。

■ 富丽堂皇的钟楼

攒尖顶 指攒尖式屋顶。我国古代建筑的一种屋顶样式，其特点是屋顶为锥形，没有正脊，顶部集中于一点，即宝顶，该顶常用于亭、榭、阁和塔等建筑。攒尖顶有单檐、重檐之分，按形状分为角式攒尖和圆形攒尖，其中角式攒尖顶有同其角数相同的垂脊，有四角、六角和八角等式样。圆形攒尖则没有垂脊，尖顶由竹节瓦逐渐收小。

结构的楼体全是原样原件，所以耗资不多，工程迅速。完成这样一座庞大建筑的迁移修建，即使在后来有着高水平迁移技术的情况下，也不是轻而易举的。它既需要高超的建筑安装技术，又需要严密精细的工程组织，这项完成于16世纪的特殊工程，是我国建筑史上极为自豪的一大创举。

后来，在1699年、1740和1840年时，清朝曾先后对钟楼进行了大范围以及大规模的整修。

钟楼构建于用青砖和白灰砌成的正方形基座之上，全部用青砖砌成，基座之上为两层木结构楼体。钟楼自地面至钟楼的宝顶通高约36米，由基座、楼身和楼顶三部分组成。基座每边长35.5米，高8.6米，建筑面积约1377平方米。基座下有高与宽均为6米的十字形券洞与东南西北四条大街相通，内有楼梯可盘旋而上。

钟楼外部的重檐三滴水攒尖顶式不只是增加建筑

形制的美观，而且缓和了雨水顺檐下落时对建筑的冲击力。四角攒尖的楼顶按对角线构筑四条垂脊，从檐角到楼顶逐渐收分，使得金顶稳重庄严。楼上琉璃瓦的板瓦之间扣以筒瓦，以铜质瓦河固定，更使建筑稳固结实，成为浑然一体的建筑艺术珍品。

钟楼屋檐四角飞翘，如鸟展翅，由我国各种古典动物走兽图案组层的兽纹在琉璃瓦屋面的衬托下，给人以形式古朴、艺术典雅、色彩华丽、层次分明之美感。

钟楼的顶尖部为铜皮包裹木质内心的"金顶"，又称"宝顶"，高处的宝顶在阳光下熠熠闪光，使这座古建筑更散发出其金碧辉煌的独特魅力。

至于西安钟楼之顶为何要装饰成"金顶"，西安民间流传着一段美丽的传说。

据说，在古时的长安，城中心地下不断涌出水来，淹没房屋，冲毁道路，大有把长安变成一片汪洋之势。有一天，观音菩萨路经长

安，见此情景，尤为揪心，于是就大发慈悲，托梦给城中的百姓道：

有一条孽龙在地下兴风作浪，要把长安变成海，大家只要齐心协力挖开海眼，囚住孽龙，并在上面建一座钟楼将它镇住，方可永保长安城万世长安。

于是，城中的百姓便挥舞厥锨，顺着冒水的地方一直挖下去，终于挖到了足有10个井口大的海眼，但见一条巨龙正在浪中张牙舞爪，掀起波涛。

众人经过奋力拼搏，最后将孽龙用钢环铁索紧紧捆绑在一根镇海铁柱上，再用厚厚的钢板封住海眼，并立即动工在上面修建了一座十几丈高的钟楼。

可是，正当大家将一个巨大的玻璃做的宝葫芦安放在钟楼顶时，被捆绑的孽龙突然在地下晃动身躯，钟楼就突然剧烈地摇动起来，玻璃顶一下子摔到地下变成为碎片。钟楼的抖动也越来越厉害，大有倒塌的危险。

就在这危急关头，观音菩萨驾云从南海来到长安上空，把手中的净瓶倒扣在钟楼上，变成了金光闪闪的宝顶，钟楼顿时纹丝不动，稳如泰山。那条孽龙也从此被镇在西安的钟楼底下，再也不能作恶了。

钟楼体整体为木质结构，呈典型明代建筑艺术风格，深、广各三间，系"重檐三滴水""四角攒顶"建筑形式。楼分两层，下层为一重屋檐，上层有两重屋檐，四角攒顶覆盖碧色琉璃瓦，各层有斗拱藻井彩绘。

钟楼的两层楼四角均有明柱回廊、彩枋细窗及雕花门扇，尤其是各层均饰有斗拱、藻井、木刻和彩绘等古典优美的图案，是一座具有浓郁民族特色的宏伟建筑物，也是我国目前能看到的规模最大、保存最完整的钟楼。

藻井 我国传统建筑中室内顶棚的独特装饰部分。一般做成向上隆起的井状，有方形、多边形或圆形凹面，周围饰以各种花藻井纹、雕刻和彩绘。多用在宫殿、寺庙中的宝座、佛坛上方最重要部位。

■ 阳光下的西安钟楼

由钟楼北侧台阶而上，一层大厅天顶有"万道霞光"的圆形彩绘图案以及四周相伴的184块由四季花卉组成的彩绘天花，鲜亮艳丽、栩栩如生。

在一层大厅的西墙上，曾经镶嵌着两通碑：一通是1740年大修后由陕西巡抚张楷书写的《重修西安钟楼记》碑；另一通是由陕西巡抚龚懋贤在钟楼东迁后亲笔题写的《钟楼东迁歌》碑。

这两方碑记述了西安钟楼这一巨大建筑曾经所经历过的一次令人难以置信的整体迁移。

西安钟楼的门扇槅窗雕楼精美繁复，表现出明清时期盛行的装饰艺术。每一层的门扇上均有八幅浮雕，每一幅浮雕均蕴含了一个有趣的典故。

据传说，西安钟楼迁到新址之后，虽然钟楼的式样大小并没有发生改变，但景云钟却怎么也敲不响了。无可奈何，钟楼只好更换了一口铸造于明成化年间的巨钟，重约5吨，钟边铸有八卦图案。

阅读链接

传说，从前，关中八百里秦川是一望无边的泽国，西安就湮没在这大海之中，海水不是河流汇聚而成的，是从钟楼位置的泉眼里涌出的。

海里有只数丈长的巨型乌龟整天在闹腾，只要它一动就会有翻山蹈海的巨浪，半坡先民依山傍水而居，他们的居处屡遭水淹。

为了保一方平安，也为了自己的居所不再有水患，先民们就请来神仙工匠，修建了一座钟楼盖住了涌海水的泉眼，为了不让这乌龟兴风作浪，专门求神仙用锁心链把它锁住，使它在泉眼里长眠不醒，将它的巨大身躯当作堵水栓，使海水不会冲出，关中这海底平原才得以渐渐露出容颜。

南京钟鼓楼

南京钟鼓楼位于南京城的中轴线上，是融合南京历史、文化和自然景观的城市中心标志。

南京钟鼓楼始建于1382年。南京钟楼钟声清亮悠扬，鼓楼鼓声振聋发聩，响彻百里。钟鼓楼用以昼夜报时、迎王、选妃及接诏等大庆典时使用，堪称明代首都之象征。

南京鼓楼规模宏大、气势雄伟。南京钟楼位于鼓楼的西侧，精巧别致，规模较小。它的钟亭与大钟又名"古亭晨钟"，曾经被誉为"金陵四十景"之一。

明朝初期始建南京钟鼓楼

　　南京是明朝的开国之都，在明初的50多年间，经济、文化发展都很快，为全国最大的城市。

　　早在大明建立前的1365年，吴王朱元璋就在南京设太史监，专门

■ 南京鼓楼正面近景图

观天象。而古代的观天象与国家政治紧密关联，所以太史监地位非常高。明太史监首任太史令，就是朱元璋身边著名的谋臣，上知天文、下知地理的刘伯温。

次年，开始建造南京城墙。据史书记载，明城墙由明太祖朱元璋亲自参与设计，而刘伯温正是城建规划的总设计师。

明朝时的南京城墙，是当时世界上最高大的城墙。南京城墙有内十三，外十八之说：内有13座城门，外有18座城门。又在13座城门的中心地带建造了高大的鼓楼和钟楼。

■ 南京鼓楼

两楼一高一矮，飞檐杰阁，雕龙画凤，像两颗明珠镶嵌在古都中轴线。民间统称南京钟楼与鼓楼为"南京钟鼓楼"。

南京钟鼓楼位于南京城西北—东南走向中轴线的一处山冈上，就是后来的南京鼓楼岗。

我国古有"晨钟暮鼓"之说，"鼓楼之设，必于中城，四达之衢所"，钟声清亮悠扬，鼓声振聋发聩，响彻百里。堪称明朝都城的象征。

据《南雍志》记载，为有效利用时间，早在1381

刘伯温（1311年—1375年），即刘基，元末明初杰出的军事家、政治家及文学家，通经史、晓天文、精兵法。他以辅佐明太祖朱元璋完成帝业、开创大明江山而驰名天下，被后人比作"诸葛武侯"。在文学史上，刘基与宋濂、高启并称"明初诗文三大家"。

《南雍志》 明朝国子监专志，由明代进士、南京国子祭酒吴节、黄佐负责编撰，刊印于1544年，共24卷。后历朝增订，黄儒炳又于1626撰《续南雍志》，分事纪4卷、职官表2卷、杂考12卷、列传6卷。体例仿《史记》之纪、表、志和传，而略有不同。

年，朱元璋就曾亲自参与制定城市布局，定下于1382年在南京城中建鼓楼的决策，所谓"左列鼓架，右建鼓楼"。

朱元璋还下令统一漏刻制度，统一使用年、月、日、时、刻，在全国实行统一的标准时间。

南京鼓楼建于海拔40米的鼓楼岗上，鼓楼阁高30米，占地面积9100平方米，历来就是南京的标志性建筑之一。

鼓楼由台座与主楼构成。主楼为上下两层，规模宏大，气势雄伟。钟楼的台座为砖石砌筑的拱形无梁城阙状，东西长44.4米，南北宽22.60米，高达9米，红墙巍峨，飞檐迎风。

在台座的东西两端各筑青石台梯40级，直达平台之上。在梯孔之上，建有歇山顶梯宇一座，以防雨水

■ 钟鼓楼内景

下注台梯，台座横向正中和偏前各开漏窗两口，以供巷道、台梯通风采光。

■ 钟鼓楼

　　主楼矗立于高大的平台之上。在主楼下层的平台上悬挂有一口"太平大钟"，钟上镌刻有"吉祥""如意"字样。一层门楼上有一块"鼓楼览胜"的匾额，两侧有一副对联：

闹市藏幽于无声处闻謦鼓；
高台览胜乘有兴时瞰金陵。

　　南北两面各有拱门贯穿前后，中门券高6.5米，宽6.35米；左右二门各券高5.28米，宽4.70米。两边拱门内又各有二藏兵洞，能驻百人，当时御鼓官率兵居此镇守。中间有券门三道，贯通前后，上有"畅观阁"题额。

漏窗 俗称花墙头、花墙洞、漏花窗、花窗，一种满格的装饰性透空窗，外观为不封闭的空窗，窗洞内装饰着各种镂空图案，透过漏窗可隐约看到窗外景物。为了便于观看窗外景色，漏窗高度多与人眼视线相平，下框离地面一般约在1.3米左右。也有专为采光、通风和装饰用的漏窗，离地面较高。

康茂才（1313
年—1370），人
称"茂才公"，
为人知书达理，
孝顺豪爽，名闻
乡里。因其作战
勇猛善谋，屡屡
获胜，元朝廷曾
授予他淮西宣慰
使、都元帅等
职。后率部起
义，追随明太祖
朱元璋屡立战
功。1370年，他
率部进攻陕西汉
中时受伤，在还
军归途中病故。
朱元璋亲往祭
莫，追封他为
"蕲国公"。

主楼上层与下层等大，分为中殿与东西两殿，滴水直落台座之外。重檐四坡顶，龙飞凤舞，雕梁画栋，十分壮观。

其楼上原为明朝迎王迎妃、接诏报时之所，设有报时和仪仗用的大鼓2面，小鼓24面，云板1面，点钟1只，牙杖四根，铜壶滴漏1架和三眼画角24板以及其他乐器等。

史料记载，鼓楼定更所用之鼓共25面，一面主鼓，24面群鼓，这是依据我国农事的24节令而设置。

南京钟楼建于1382年，位于南京鼓楼的西侧，精巧别致，规模较小，为重檐六角攒尖顶，灰筒瓦屋面，高14.5米，以6根铁柱支撑，上架六角交叉铁梁，用以悬挂大钟。

铁柱钟亭由"金陵机器局"制造。柱上铸有铭文。大钟亭与鼓楼成掎角之势，处市中心，一钟一鼓，晨钟暮鼓，适得其所。

城楼古景

雄伟壮丽的古代城楼

■ 南京大钟亭

我国古代都城都置有钟楼、鼓楼。原来，在南京钟楼旁有个铸钟厂，曾先后于1388年、1392年铸造了两口紫铜巨钟悬挂于大钟亭内。

其中一口钟高3.65米，口径2.3米，底边厚0.17米，重23000千克，造型精美，古色古香，钟顶铸阳纹莲瓣一周，钟体上的字迹、花纹都十分清晰精致，上铸铭文"洪武二十一年九月吉日铸"，其声音洪亮，数里可闻，是南京当时最大的一口铜钟。

■ 南京大钟亭

传说，朱元璋当年攻打南京集庆时，连攻数日都未成功，于是他便用牛首山宏觉寺中23000千克重的青铜钟熔铸成一批大炮，并许愿日后打下江山定将重铸一口同样的铜钟还于寺中。

朱元璋在南京建都后，命八大王之一的蕲国公康茂才铸造大钟，且对钟的规格、花纹、重量都有严格规定，要求钟的顶部铸阳纹莲瓣一周，提梁上饰以云纹和波浪纹，用紫铜浇铸，而且钟声要能响彻百里。

康茂才想尽办法，也很难如期完成，于是工期一再拖延，最终惹怒了朱元璋，限其三日内一定要铸成，否则将有杀身之祸。

阳纹 就是太阳纹，形似太阳，居于鼓面中心，是铜鼓中最早出现和最基本的纹饰，几乎在每个铜鼓上都有。传说是对太阳的崇拜和信仰。也认为是鼓面中心突起的太阳纹，是敲击的主要部位，突出厚实，声音易传，有利于在重槌之下防止塌陷。

圣旨一下，康茂才左右为难，他的忧愁被三个女儿得知，她们不愿见到父亲和众多工匠身首异处的悲剧，于是就借鉴春秋时期莫邪以身祭剑的做法，在限期临近时，义无反顾地纵身跃入冶炼炉，溶入铜液，一瞬间，冶炼炉内青烟骤起，直上九霄，大钟也因此一举铸成。

3个孝女舍身救父，世人深受感动，人们建祠立像纪念她们的孝心和献身精神，建了三姑庙，内设神钟楼，以怀念她们的孝义和献身精神，这口钟被称为"神钟"。门旁对联道：

三妹孝义垂青史；

千斛铿钟声白门。

阅读链接

在明朝洪武年间，南京鼓楼堪称是明朝都城的象征，而自当时流传下来的几首歌谣，则更好地诠释了古都南京"暮鼓晨钟"的传说。

当初没有钟表计时，南京鼓楼每天按更击鼓，以催促文武官员勤于政务，提醒百姓勤于劳作，因而有歌谣："警钟一敲震官心，不懒不贪勤为民。衙门高悬如明镜，大公无私不讲情。""洪武鼓楼有报时，暮鼓晨钟声声至。震醒官员为民思，催得百姓莫起迟。"

明朝实行宵禁，百姓按钟鼓声作息，所以有歌谣说："黄昏竖耳听鼓声，十三快马朝外奔。莫等关了大城门，妻儿老小不见人。""鼓楼城门八丈高，楼顶钟声紧紧敲。家里米缸快空了，不许老爹睡懒觉。"

清朝时期重建南京钟鼓楼

明朝末年，南京鼓楼只留下了城砖砌成的台基，而主楼的上下层都被摧毁，明初楼宇和器物早已无存，仅下部的台座和台坪上的石柱基础留存了下来。

此后至清康熙朝以前的江宁的城市地图上，不但明确地标注了鼓楼的位置，而且还都清楚地画出了钟楼的位置。

1684年，清康熙皇帝为根治黄河、了解民情、整顿吏制到南京巡

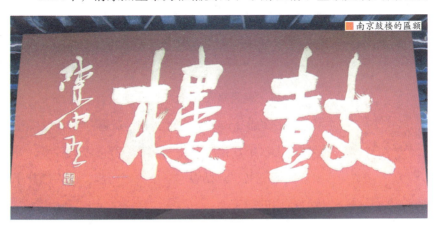

南京鼓楼的匾额

■ 南京鼓楼内的神龟

柱础 俗称磉盘，或柱础石，我国古代建筑构件的一种，它是承受屋柱压力的奠基石，凡是木架结构的房屋，可谓柱柱皆有，缺一不可。古人为使落地屋柱不潮湿腐烂，在柱脚上添上一块石礅，使柱脚与地坪隔离，起到防潮作用，同时，这石礅又加强了柱基的承压力。

视时，曾登临鼓楼城阙，他放眼鸟瞰南京古城，一时感慨万千，于是就在楼上训示地方官员，告诫他们要清廉职守，奉公守法，惩治腐败。

次年，两江总督王新就命人在此建碑，将康熙皇帝的"圣谕"刻成了"圣谕碑"，也称"戒碑"，碑高两丈余，承以龟趺。立于鼓楼台基座的正中。

为保护圣谕碑，清朝当时重建了一座三开间的木制鼓楼，规模比明代的鼓楼要小得多，也简陋得多。

这次鼓楼重建，除了圣谕碑，还有龙凤亭，鼓楼也由此更名为"碑楼"或"畅观楼"，同时它还有"诫碑楼"与"碑亭"的别称，有"明鼓清碑"之美称。但当时的南京民众仍然习惯性地称之为"鼓楼"，"戒碑"则是南京遗存下来的最完好的一座古代石碑。

后来，康熙皇帝曾下令扩建南京钟鼓楼楼宇，三层总面积约在15000平方米。在清乾隆年间，乾隆皇帝曾经七次下江南，其中三次都专程去了大钟亭，并亲自提笔御书"三姑殿"三个大字匾额，命人悬挂于大钟亭内的门头上。

晚清时维修改建南京钟鼓楼，改建的鼓楼中为大殿，周边有柱础回廊。大殿为两层，屋顶为歇山顶重檐四落水木结构。重檐翘角下雕有凤立于花丛山石上、双狮戏球等吉祥物和套叠彩绘图案。

在鼓楼的顶层上，有一座摆放在玻璃罩中的龙凤塔，是清慈禧太后60岁大寿时，地方官员所送礼物。

"龙凤塔"又称"龙凤亭"，安放在康熙南巡"戒碑"两边的一对龙凤亭，交相辉映，古朴典雅，。龙凤亭高4米、圆3.5米，外观呈塔形。龙凤亭为六角七级二层结构，外包金箔，金光熠熠。

龙凤亭各级都有极精细雕刻的人物、植物或动物画，金光闪烁。从下至上有人物，皆为武士出征，三国故事人物等；有花鸟，葵花、天竹、青松、芭蕉、万年青等。二层隔离刻有六大骑士，六根亭支架上，凤上龙下，六龙抱柱，六凤呈祥；亭子上部由飞鹤、荷花盖顶。整个龙凤亭，呈现出一幅幅优美图画，造

龟趺 指碑的龟形底座。龟趺又名赑屃、霸下，传说霸下在上古时期常驮着三山五岳，在江河湖海里兴风作浪。后来大禹治水时收服了它，并搬来顶天立地的巨大石碑，上面刻上大禹治水的功绩，叫霸下驮着，沉重的石碑压得它不能随便行走。

■ 鼓楼内的匾额

■ 南京鼓楼公园牌楼

型紧凑协调，生动精美，其雕刻工艺极为精湛，为世人所称赞，具有极高的观赏价值。

清光绪年间，在南京鼓楼东北侧新建了铁梁铁柱的六角大钟亭，在清初坠落的大钟，被江宁布政使许振祎悬挂在了大钟亭内。传说，自大钟悬挂到钟亭梁上之后，声音更加洪亮了。钟鼓楼积淀厚重的历史文化。在南京钟鼓楼内，就有一副久负盛名的对联：

钟鼓楼中，终夜钟声撞不断；

金科场内，今日金榜才题名。

阅读链接

据史书《洪武京城图志·楼馆》记："鼓楼在今北城兵马司东南，俗名为黄泥岗。钟楼在鼓楼西。"在《洪武京城图志·楼馆》所附"楼馆图"和"官署图"中，钟楼分上下两层，下层作城阙状。与鼓楼底设三门洞不同的是，钟楼底层仅有一个相贯通的门洞，其上为木结构楼阁。

又据史书《明一统志》称"钟楼在府中云霁街西，鼓楼在云霁街东"，而《同治上江两县志》称"二县城内图"中钟楼则在鼓楼略偏西南方向。

上述记载中，钟楼具体位置虽有详略之别，但位于鼓楼之西却是一致的。

城楼古景

雄伟壮丽的古代城楼

中华精神家园书系

建筑古蕴
壮丽皇宫：三大故宫的建筑壮景
宫殿怀古：古风犹存的历代华宫
古都遗韵：古都的厚重历史遗韵
千古都城：三大古都的千古传奇
王府胜景：北京著名王府的景致
府衙古影：古代府衙的历史遗风
古城底蕴：十大古城的历史风貌
古镇奇葩：物宝天华的古镇奇观
古村佳境：人杰地灵的千年古村
经典民居：精华浓缩的最美民居

古建风雅
皇家御苑：非凡胜景的皇家园林
非凡胜景：北京著名的皇家园林
园林精粹：苏州园林特色与名园
秀美园林：江南园林特色与名园
园林千姿：岭南园林特色与名园
雄丽之园：北方园林特色与名园
亭台情趣：迷人的典型精品古建
楼阁雅韵：神圣典雅的古建象征
三大名楼：文人雅士的汇聚之所
古建古风：中国古典建筑与标志

古建之魂
千年名刹：享誉中外的佛教寺院
天下四绝：佛教的海内四大名刹
皇家寺院：御赐美名的著名古刹
寺院奇观：独特文化底蕴的名刹
京城宝刹：北京内外八刹与三山
道观杰作：道教的十大著名宫观
古塔瑰宝：无上玄机的魅力古塔
宝塔珍品：巧夺天工的非常古塔
千古祭庙：历代帝王庙与名臣庙

文化遗迹
远古人类：中国最早猿人及遗址
原始文化：新石器时代文化遗址
王朝遗韵：历代都城与王城遗址
考古遗珍：中国的十大考古发现
陵墓遗存：古代陵墓与出土文物
石窟奇观：著名石窟与不朽艺术
石刻神工：古代石刻与文化艺术
岩画古韵：古代岩画与艺术特色
家居古风：古代建材与家居艺术
古道依稀：古代商贸通道与交通

古建涵蕴
天下祭坛：北京祭坛的绝妙密码
祭祀庙宇：香火旺盛的各地神庙
绵延祠庙：传奇神人的祭祀圣殿
至圣尊崇：文化浓厚的孔孟祭地
人间天宫：非凡造诣的妈祖庙宇
祠庙典范：最具人文特色的祭祠
绝代王陵：气势恢宏的帝王陵园
王陵雄风：空前绝后的地下城堡
大宅揽胜：宏大气派的大户宅第
古街韵味：古色古香的千年古街

物宝天华
青铜时代：青铜文化与艺术特色
玉石之国：玉器文化与艺术特色
陶器寻古：陶器文化与艺术特色
瓷器故乡：瓷器文化与艺术特色
金银生辉：金银文化与艺术特色
珐琅精工：珐琅器与文化之特色
琉璃古风：琉璃器与文化之特色
天然大漆：漆器文化与艺术特色
天然珍宝：珍珠宝石与艺术特色
天下奇石：赏石文化与艺术特色

古迹奇观

玉宇琼楼：分布全国的古建筑群
城楼古景：雄伟壮丽的古代城楼
历史开关：千年古城墙与古城门
长城纵览：古代浩大的防御工程
长城关隘：万里长城的著名关卡
雄关漫道：北方的著名古代关隘
千古要塞：南方的著名古代关隘
桥的国度：穿越古今的著名桥梁
古桥天姿：千姿百态的古桥艺术
水利古貌：古代水利工程与遗迹

山水灵性

母亲之河：黄河文明与历史渊源
中华巨龙：长江文明与历史渊源
江河之美：著名江河的文化源流
水韵雅趣：湖泊泉瀑与历史文化
东岳西岳：泰山华山与历史文化
五岳名山：恒山衡山嵩山的文化
三山美名：三山美景与历史文化
佛教名山：佛教名山的文化流芳
道教名山：道教名山的文化流芳
天下奇山：名山奇迹与文化内涵

自然遗产

天地厚礼：中国的世界自然遗产
地理恩赐：地质蕴含之美与价值
绝美景色：国家综合自然风景区
地ළ质奇观：国家自然地质风景区
无限美景：国家自然山水风景区
自然名胜：国家自然名胜风景区
天然生态：国家综合自然保护区
动物乐园：国家动物自然保护区
植物王国：国家保护的野生植物
森林景观：国家森林公园大博览

西部沃土

古朴秦川：三秦文化特色与形态
龙兴之地：汉水文化特色与形态
塞外江南：陇右文化特色与形态
人类敦煌：敦煌文化特色与形态
巴山风情：巴渝文化特色与形态
天府之国：蜀文化的特色与形态
黔风贵韵：黔贵文化特色与形态
七彩云南：滇云文化特色与形态
八桂山水：八桂文化特色与形态
草原牧歌：草原文化特色与形态

东部风情

燕赵悲歌：燕赵文化特色与形态
齐鲁儒风：齐鲁文化特色与形态
吴越人家：吴越文化特色与形态
两淮之风：两淮文化特色与形态
八闽魅力：福建文化特色与形态
客家风采：客家文化特色与形态
岭南灵秀：岭南文化特色与形态
潮汕之根：潮州文化特色与形态
滨海风光：琼州文化特色与形态
宝岛台湾：台湾文化特色与形态

中部之魂

三晋大地：三晋文化特色与形态
华夏之中：中原文化特色与形态
陈楚风韵：陈楚文化特色与形态
地方显学：徽州文化特色与形态
形胜之区：江西文化特色与形态
淳朴湖湘：湖湘文化特色与形态
神秘湘西：湘西文化特色与形态
瑰丽楚地：荆楚文化特色与形态
秦淮画卷：秦淮文化特色与形态
冰雪关东：关东文化特色与形态

节庆习俗

普天同庆：春节习俗与文化内涵
张灯结彩：元宵习俗与彩灯文化
寄托哀思：清明祭祀与寒食习俗
粽情端午：端午节与赛龙舟习俗
浪漫佳期：七夕节俗与妇女乞巧
花好月圆：中秋节俗与赏月之风
九九踏秋：重阳节俗与登高赏菊
千秋佳节：传统节日与文化内涵
民族盛典：少数民族节日与内涵
百姓聚欢：庙会活动与赶集习俗

民风根源

血缘脉系：家族家谱与家庭文化
万姓之根：姓氏与名字号及称谓
生之由来：生庚生肖与寿诞礼俗
婚事礼俗：嫁娶礼俗与结婚喜庆
人生遵俗：人生处世与礼俗文化
幸福美满：福禄寿喜与五福临门
礼仪之邦：古代礼制与礼仪文化
祭祀庆典：传统祭典与祭祀礼俗
山水相依：依山傍水的居住文化

衣食天下

衣冠楚楚：服装艺术与文化内涵
凤冠霞帔：佩饰艺术与文化内涵
丝绸锦缎：古代纺织精品与布艺
绣美中华：刺绣文化与四大名绣
以食为天：饮食历史与筷子文化
美食中国：八大菜系与文化内涵
中国酒道：酒历史酒文化的特色
酒香千年：酿酒遗址与传统名酒
茶道风雅：茶历史茶文化的特色

国风美术

丹青史话：绘画历史演变与内涵
国画风采：绘画方法体系与类别
独特画派：著名绘画流派与特色
国画瑰宝：传世名画的绝色魅力
国风长卷：传世名画的大美风采
艺术之根：民间剪纸与民间年画
影视鼻祖：民间皮影戏与木偶戏
国粹书法：书法历史与艺术内涵
翰墨飘香：著名书法名作与艺术
行书天下：著名行书精品与艺术

汉语之魂

汉语源流：汉字汉语与文章体类
文学经典：文学评论与作品选集
古老哲学：哲学流派与经典著作
史册汗青：历史典籍与文化内涵
统御之道：政论专著与文化内涵
兵家韬略：兵法谋略与文化内涵
文苑集成：古代文献与经典专著
经传宝典：古代经传与文化内涵
曲苑音坛：曲艺说唱项目与艺术
曲艺奇葩：曲艺伴奏项目与艺术

博大文学

神话魅力：神话传说与文化内涵
民间相传：民间传说与文化内涵
英雄赞歌：四大英雄史诗与内涵
灿烂散文：散文历史与艺术特色
诗的国度：诗的历史与艺术特色
词苑漫步：词的历史与艺术特色
散曲奇葩：散曲历史与艺术特色
小说源流：小说历史与艺术特色
小说经典：著名古典小说的魅力

歌舞共娱

古乐流芳： 古代音乐历史与文化
钧天广乐： 古代十大名曲与内涵
八音古乐： 古代乐器与演奏艺术
鸾歌凤舞： 古代大曲历史与艺术
妙舞长空： 舞蹈历史与文化内涵
体育古项： 体育运动与古老项目
民俗娱乐： 民俗运动与古老项目
刀光剑影： 器械武术种类与文化
快乐游艺： 古老游艺与文化内涵
开心棋牌： 棋牌文化与古老项目

科技回眸

创始发明： 四大发明与历史价值
科技首创： 万物探索与发明发现
天文回望： 天文历史与天文科技
万年历法： 古代历法与岁时文化
地理探究： 地学历史与地理科技
数学史鉴： 数学历史与数学成就
物理源流： 物理历史与物理科技
化学历程： 化学历史与化学科技
农学春秋： 农学历史与农业科技
生物寻古： 生物历史与生物科技

文化标记

龙凤图腾： 龙凤崇拜与舞龙舞狮
吉祥如意： 吉祥物品与文化内涵
花中四君： 梅兰竹菊与文化内涵
草木有情： 草木美誉与文化象征
雕塑之韵： 雕塑历史与艺术内涵
壁画遗韵： 古代壁画与古墓丹青
雕刻精工： 竹木骨牙角匏与工艺
百年老号： 百年企业与文化传统
特色之乡： 文化之乡与文化内涵

杰出人物

文韬武略： 杰出帝王与励精图治
千古忠良： 千古贤臣与爱国爱民
将帅传奇： 将帅风云与文韬武略
思想宗师： 先贤思想与智慧精华
科学鼻祖： 科学精英与求索发现
发明巨匠： 发明天工与创造英才
文坛泰斗： 文学大家与传世经典
诗神巨星： 天才诗人与妙笔华篇
画界巨擘： 绘画名家与绝代精品
艺术大家： 艺术大师与杰出之作

戏苑杂谈

梨园春秋： 中国戏曲历史与文化
古戏经典： 四大古典悲剧与喜剧
关东曲ున： 东北戏曲种类与艺术
京津大戏： 北京与天津戏曲艺术
燕赵戏苑： 河北戏曲种类与艺术
三秦戏苑： 陕西戏曲种类与艺术
齐鲁戏台： 山东戏曲种类与艺术
中原曲苑： 河南戏曲种类与艺术
江淮话戏： 安徽戏曲种类与艺术

千秋教化

教育之本： 历代官学与民风教化
文武科举： 科举历史与选拔制度
教化于民： 太学文化与私塾文化
官学盛况： 国子监与学宫的教育
朗朗书声： 书院文化与教育特色
君子之学： 琴棋书画与六艺课目
启蒙经典： 家教蒙学与文化内涵
文房四宝： 纸笔墨砚及文化内涵
刻印时代： 古籍历史与文化内涵
金石之光： 篆刻艺术与印章碑石

悠久历史

古往今来： 历代更替与王朝千秋
天下一统： 历代统一与行动韬略
太平盛世： 历代盛世与开明之治
变法图强： 历代变法与图强革新
古代外交： 历代外交与文化交流
选贤任能： 历代官制与选拔制度
法治天下： 历代法制与公正严明
古代税赋： 历代赋税与劳役制度
三农史志： 历代农业与土地制度
古代户籍： 历代区划与户籍制度

信仰之光

儒学根源： 儒学历史与文化内涵
文化主体： 天人合一的思想内涵
处世之道： 传统儒家的修行法宝
上善若水： 道教历史与道教文化

梨园谱系

苏沪大戏： 江苏上海戏曲与艺术
钱塘戏话： 浙江戏曲种类与艺术
荆楚戏台： 湖北戏曲种类与艺术
潇湘梨园： 湖南戏曲种类与艺术
滇黔好戏： 云南贵州戏曲与艺术
八桂梨园： 广西戏曲种类与艺术
闽台戏苑： 福建戏曲种类与艺术
粤琼戏话： 广东戏曲种类与艺术
赣江好戏： 江西戏曲种类与艺术

传统美德

君子之为： 修身齐家治国平天下
刚健有为： 自强不息与勇毅力行
仁爱孝悌： 传统美德的集中体现
谦和好礼： 为人处世的美好情操
诚信知报： 质朴道德的重要表现
精忠报国： 民族精神的巨大力量
克己奉公： 强烈使命感和责任感
见利思义： 崇高人格的光辉写照
勤俭廉政： 民族的共同价值取向
笃实宽厚： 宽厚品德的生活体现

历史长河

兵器阵法： 历代军事与兵器阵法
战事演义： 历代战争与著名战役
货币历程： 历代货币与钱币形式
金融形态： 历代金融与货币流通
交通巡礼： 历代交通与水陆运输
商贸纵观： 历代商业与市场经济
印纺工业： 历代纺织与印染工艺
古老行业： 三百六十行由来发展
养殖史话： 古代畜牧与古代渔业
种植细说： 古代栽培与古代园艺

强健之源

中国功夫： 中华武术历史与文化
南拳北腿： 武术种类与文化内涵
少林传奇： 少林功夫历史与文化